職業としての「国語」教育

方法的視点から

工藤信彦
Kudo Nobuhiko

石風社

解説　「国語教育」の方法と原理を問う

中山　智香子

本書は、職業として国語教師をつとめ、学校を問い続けた工藤信彦氏（一九三〇年〜、樺太生まれ）の思考と実践の記録である。近年は『わが内なる樺太：外地であり内地であった「植民地」をめぐって』（石風社、二〇〇八年）をはじめ、樺太や日本の国境の研究を支える著者であるが、一九六〇年代末から詩論や詩の歴史、日本文学史等を著してきた。『現代国語速解法』（共著、有精堂、一九七六年）、『現代文研究法』（共著、有精堂、一九八八年）など国語教育に関わる共著、『書く力をつけよう：手紙・作文・小論文』（岩波ジュニア新書、一九八三年）などのハンディな単著もある。このジュニア新書は刊行以来、若い世代のみならず、大人が文章を書く際にも役立ってきたようだ。

著者は、一九五四年から札幌南高等学校、藤女子高等学校教諭を経て一九六五年に成城学園高等学校教諭となり、定年退職まで現代国語や古文を教えたが、一九年間あまり三省堂の教科書編集に携わり、また一九八〇年代なかば過ぎにはフランス、アルザスの成城学園中等部、高等部の企画、実現に携わって赴任、成城大学文芸学部、法学部でも長く講義をもち、一九九〇年から定年退職時まで成城学園教育研究所長を兼任した。その傍ら、およそ四半世紀にわたって代々木ゼミナールで古文や現代文を担当、不登校生や帰国生らに向けたバイパススクールでも教え、FORUM-7でも教えた人気講師でもあった。満州事変の前年に生を享け、日本の戦中から敗戦、占領、戦後へと至る激動の時期に学校教育を受けて、戦後復興、高度成長期からバブル期、その崩壊という日本の変転をまのあたりにしながら、国語教育、学校に関わってきたことになる。そうした日々の要請に向けて折々に書かれた文章群のなかから、著者自身の眼で選び取り、構造的に編集したアンソロジーが本書である。十年ほど前から、国語教育に関わる諸論考や膨大なプリント類を整理していたそうだが、昨今の学校や入試をめぐる改革、また国語教育をめぐる変動の時期に、刊行のはこびとなった。

方法を問うまなざし

全体は三章から成り、約八割を占めるのは高校の「国語」に関わる部分である。「高校「国語」教師の仕事」と題された第一章は、専門誌の求めなどに応じて書かれた諸論考から成る。第二章は「「国語」の授業から」と題され、こちらは高校の授業で生徒たちに配布されたプリントなどの文章群である。第一章と第二章はほぼ同じ分量をもつ。第三章は、分量的には全体の二割ほどであるが、高校の現場から大学や予備校、あるいは小学校へと学校の枠組を越境し、作文、文法、入試など国語にまつわるテーマを俯瞰的に論じ、文化としての国語を位置づける。本書の読者に国語を知らない人はいないだろうが、ここに繰り広げられる「国語」の世界は、必ずしも馴染みのない異質な、あるいはひょっとすると見たことも聞いたこともない斬新な世界かもしれない。多くの生徒や受講生たちを魅了してきた「工藤先生の国語」の特質とは何か。

まず何より人目を引くのは、書名の「職業としての」である。マックス・ウェーバーが一九一九年に行った講演の記録『職業としての学問』、『職業としての政治』のタイトルを想起させるこの言葉は、それで生計を得るという意味であり、高校の国語教師を生業とした著者のアンソロジーの書名として、決して唐突ではない。しかし主題は、教科名である国語にカギカッコを付したものである。カギカッコは、ウェーバーがただ二つのみ取り上げた学問、政治と国語との関わりを暗示する。国語は国文学、文学史などの学問領域に通じており、また近代日本の国民国家統合の歴史のなかで概念化されたという政治性を背負っているからである。それを学校という制度空間で教えることの意味を論じるのがテーマということになる。

しかしウェーバーの問題提起は、直接的にもさりながら、むしろ戦後から一九六〇年代、一九七〇年代にかけて、ウェーバーの問題提起を真摯に受け止めた日本の社会科学者、鶴見俊輔らの「思想の科学」を場とした論者たち、そしてとりわけ内田義彦を通じて、著者に継承された。内田が雑誌『看護技術』に書いた「方法を問うということ――看護人的状況としての現代における学問と人間」（一九七四年）は、特に重要である。

看護人的状況とはおそらく内田の造語であろうが、看護人は医学知識を携えた科学者である医師と患者のあいだに立ち、医師の専門知識による処置を実践し、伝達なども行う立場にある。しかし患者が科学の実験台というモノになってしまわないよう、ときには医師に疑問を呈し、批判も行うことが必要である。内田は、「人間の看護という具体的な仕事においては、医者だけが専門家なのでは絶対にないのだ」と強調し、今やいかなる職業であれ、看護人のように、科学と人間の相剋を克服しなければならないとする。この相剋に対峙して方法を問うこと、つまり科学的な専門性をハウ・トゥの手続きと学問の原理的思考の双方に即して考え、これを人間の世界と照らし合わせていくことが、職業人として誰にでも必要であるというのが、内田の主張であった。そしてこれが、著者の「国語」教育論における方法的視点の原点となっている。

「国語」教育における科学と人間

したがって国語教育に関しても、科学的な専門性のハウ・トゥ的な方法手続きと学問的原理との方法的二極が問われることになる。ここで教科としての国語と科学との関係を考える必要が生じる。著者はたとえば古典文法に関して、生物学的分類にも通じる分類規則にしたがうとして、独自の文法論を展開する。しかしより一般的には、そもそも国語が書物を通じて世界に対峙する点が重要である。自然科学のテキストであれ何であれ、文章で書かれている限り、すべて国語の範疇に含まれている。そこで著者は、一冊の書物を読むことに高校「国語」教育の課題を見出すのである。それは、高校の国語が個々の作品のパーツの読解を課題とするのに対し、大学では各専門分野の文献を、一冊のみならず何冊も読みこなせることが前提とされるというギャップをうめる営みである。

つまり国語の科学的ハウ・トゥとは、あらゆるジャンルの文章のパーツを整理、分類しつつ読み、一冊の本の章や節を構造的に読むことによって、世界を言葉で理解することとなる。ここに、国語が一教科であること、つまり学校という制度空間で教師と生徒によって行われる共同パフォーマンスであるという視点が接合される。したがって、各々が理解したことを書いて表現することが必須となるのである。試験をこのように位置づける視点はユニークであり、またこの学校論は、学校制度に向けた根本的な問題提起と読むことができる。

他方で国語の学問的原理の方法については、文献学や文学史研究、作家論などを学問的蓄積とし、その厚みが教育の担い手に恩恵を与えてきたとする。とりわけ本書では、『徒然草』をめぐる部分がわかりやすい。第一章の伊藤博之追悼の一文は、実はその導入である。著者は伊藤の『徒然草入門』（有斐閣新書、一九七八年）を授業テキストとし、また授業での説明に活用してきた。それは伊藤が国文学の研究者として、この小著を一般向けに、「現代を生きる私たちの直接的な心の糧として」『徒然草』を読むよう、書いたからであった。本書の『徒然草』の説明からは、著者が伊藤らの学問的研究の蓄積も取り入れつつ、高校生もまたこれを「心の糧として」読むよう促し、研究の閉じた専門性を開いていく様子が、生き生きと伝わってくる。

なお第二章には恋や愛の作品が多く扱われ、学校で聞いたらどぎまぎするような解説が付されている。これも教育実践の軌跡だが、また同時に「国語」への人間的な要請、つまり文学など文章によってひとが魅了される決定的な契機を喚起するという要請に、こたえるものでもある。文学に疎い人でも、何か国語の教科書で読んだ（読まされた）一文に、深く感動したり驚いたりした経験があるだろう。著者は、教師もまた一人の良き読者でなければ、つまり作品をおもしろく読めなければ「職業人としては失格」と述べる。おもしろさやそれをとらえる感覚を言葉で語り、また書き、教えることができなければ「国語」教育にならないのである。ここでの颯爽とした文体はライブ感にあふれ、著者の教室での声、エネルギッシュな動きを彷彿とさせる。

一人の市民として日常を生きる

こうして本書は、書物の方法や構造にきわめて意識的な著者による一冊の書物である。最後の一文には、ひときわ強いメッセージを込めていると読まざるを得ない。ここで読み手は、あらためて「国語」に潜む政治性へと思考を促されるのである。一九四五年八月一九日、十四歳で樺太を離れ、「国家は国民を守らないのだ」（『わが内なる樺太』より）と意識した著者は本書においても、「祖国が私を故郷から追放した」と思い続けたこと、「私の中で、〈日本〉という〈国家〉は、すでになく、いまだない」こと、「平和は幻想である」ことを、ほとばしるような筆致で書くのである。

日本の戦後にはもちろん、政治体制や学校体制を問う社会運動、学生運動の時期があった。著者自身、そして教師として対峙し論じ合った生徒や学生らの考えには、学校制度そのものに背を向ける方向性もあっただろう。しかし著者は、導きの糸とした「思想の科学」がそうであったように、踏みとどまって方法的、論理的に問い、立場の違いを超えて共に在ることを日常性の課題としたのである。「職業としての」は、カネ稼ぎではない。一人の市民として生きる際の、公共性への問いかけである。投げかけられた課題はとても重いが、ここから拓かれる希望がある。渡されたバトンを落とすわけにはいかない。著者の半世紀あまりの「国語」教育実践に、心より深く感謝を捧げたい。

了

「学校国語」について ——序にかえて

「国語教育」——「学校」が「教えるプロと教わるプロが、同時間・同空間で言葉によってパフォーマンスし合う生活空間」である以上、共に読むという共同作業が前提であると共に、試験という学力評価を必要とする制度である。テストを抜きにしては学校国語は存在しない。個性育成、主体性重視を、生徒にのみ求める概念論は論外と考えている。教材としての一つの文章を、一人の教師と不特定多数の生徒たちとが、共有する論理で〈文章〉を読み解く方法の会得。その理解の検証がテストの結果となる。思ったり考えたりすることが重要なのではなく、それらを言葉にして書くことで初めて〈国語力〉となる。書くことによって初めて国語が人間力となる。同音異義を挙げるまでもなく、日本語は文字言語である。読み手に応じて相応の分量で記される時、国語は国語になる。「学校」が出来ることを念頭にしての〈国語力〉の育成——。振り返って整理するとこんな風に。教えることで私もまた育てられた。

職業としての「国語」教育——方法的視点から◉目次

第三章　文化としての「国語」

痕跡　点・点

職業としての「国語」教育

——方法的視点から

第一章　高校「国語」教師の仕事

方法としての「国語」

方法を問うということが今日の私の生き方にかかわると言う内田義彦の言葉に導かれながら、人生の通過駅と化している高校生活空間の中で「国語」を教えるという実務の世界を見つめ直している。

「国語」を教えるという営みは、日本語の論理や感性で文章を読み、考え、語り、書くという平凡な仕事である。しかも私人の内的営為としてではなく、集団で文章と対峙する特異な公的生活空間内での、一人の教師の言葉によって方法化された営みの総体である。教室で読み、試験で書く。

テストは、その集団内の個の営みを、成果として一人の教師に示す作業である。私はそれを採点の形で評価し、その評価の成果を、多くの生徒の解答を含む形の「正解と講評」のプリントとして生徒個々に渡す。問うことの意義を具体的に解説することは、教室で読む営みの中での生徒個々の参加のありようが問われることであり、解答に示される。

集団の傾向の読みを生徒に文章化して与えることで、生徒は、「国語」を学ぶことにおける集団の中の個を認識する契機ともなる。すぐれた仲間の解答例を読むことで、彼らは自らの文章力を自己評価し、言葉で書くことの難しさと営みの意義を知る。

テストとそれに応じた「正解と講評」プリントによって、私はいま、個と集団の相互交流という場を利用しての、〈共通の言葉の世界の獲得〉という仕事にかかっている。生徒に限らず教師もまた、テストを生活空間内の貴重な言葉修練の場としてよかろうというのが、福田定良風の仕事の哲学観でもある。

その地平に立つ時、たとえば、「文法」を言葉で読み言葉で書く営みの世界に引き戻すことで、私は、「文法」を「国語」の分野として言葉で解放する作業を一つの提案とする。それは同時に、たとえば「証明の営み」として数学を国語で読む営みと通底してゆく。ロラン・バルトの『エッフェル塔』の視線を、いま国語教師は、「国語」という仕事の世界に〈方法〉として実践することで、「国語を教える」ということを新しい「学」とする積りはないか。〈教える〉という仕事が教師の人生である以上、そうして〈生きる〉ことが、教師に問われるべきではないだろうか。（一九七九年）

私言《ささめごと》——学校のできること

国語の領分

「国語」とは何だろう。海だと思って見るから水たまりも海に見えるという、シュペルヴィエール風の眼の必要性は十分承知である。四十年に及ぶ高等学校国語科教師という職を、定年で退いてぼんやりしていると、改めて学校教育の中の「国語」が気になり、一人の職業人として生きてきた仕事の総体としての「国語」を、見直さざるをえない思いでいる。

毎日、朝夕届けられる新聞を三紙から五紙も読み、〈地球の日記〉と称してそこからの教材化も図ってきた。大型書店のど真中に立ってぐるりと見廻す書棚のすべてを、本来ならこれみな「国語」と観じ、何度も嘆息をついてきた。一方で、十進法というパラダイムで分節化された図書館に座していると、一つの小世界を「国語」の名で形成しうる楽しみに駆られ、多くの未知の分野に足を踏み入れてみようという意欲も湧いた。二十年続けた教科書編集の仕事も、そうした視点で遊べる知的な共同作業であった。現在《いま》ふり返ると、国語教師は十分に面白かった。

しかしながら、学校教育の中の「国語」の現実は、そうした遊びに浸る余地がどんどん狭められている。「学校指導要領」なるものの文部行政と、学歴社会の中の大学受験指導という二つの側面が、予備校生を含めると五〇パーセントをすでに超えている大学進学志望者の現実となって、学校の「国語」を支配している。

フランスのリセでは、「哲学」の授業が、理系でも週五時間、文系では週八時間も課せられているという。現在の高校では、大学受験があるからどこの学校でも週四、五時間の「国語」は置かれてある。しかし「学習指導要領」に基づくならば、「国語」は三ヶ年間で「国語Ⅰ」四単位のみを必修と定めている。すべての教科書が「国語」で記されている一冊の書物とするならば、「国語」のみを「国語」と決めつける必要はもちろんない。だが、作文も読書指導もみな国語科の領分と行政から決めつけられると、国語科教師はみな奇妙な閉塞感を味わわされる。特に必修の中に僅かな領域しか与えられていない古典の学習に、多くのひずみが生じている。

大学受験に目をやろう。この三年間の古文の出典を調べてみる。センター試験は、追試験を含めると『狭衣物語』『弁の内侍日記』『桂園遺文』『榻鴫暁筆』『栄花物語』『三国伝記』となっている。一般入試では、『竹子集』『梨本集』『神国加魔祓』『三野日記』『小島のくちずさみ』（以上国立大学）、『歌学提要』『露殿物語』『夜の鶴』『なぐさみ草』『唐物語』『讃岐典侍日記』

ってしまう。

（以上私立大学）。これらを「国語」と言われると、私などその大方を目にしたことがないと思

行政指導によって縮小に縮小を強いられてきた「国語」の中の「古文」教育。その教科書で必ず教材化される「古代和歌」が入試に出ることはほとんど無い。『枕草子』『徒然草』『伊勢物語』という教材の定番が、主要大学で出題されることも稀である。学校国語の中の古文を古典として十分に賞味してきた私の眼に、受験の中の古文は〈古文〉でしかない。

大学受験を希望する帰国生を教えていると、古典の一行すら思い出せない者がほとんどである。ことさらに教養の核に古典を置こうなどと主張するつもりはないけれども、今日の国語教育は、文化伝統を見喪ってしまっていると断じてよい。学ばない出典からの出題を否定などするつもりはない。名文としての古典を出典としない以上、古文の問題が、口語訳・文法・文学史に限られてゆくのはごく自然だからである。せめてセンター試験の古文の出典を、たとえば一冊の『徒然草』と定める慧眼が、出題者である国立大学の〈国語国文学〉の教師たちに欲しいと思う。『徒然草』を、すべての高校生が人生の指針としても共有する時があれば、学校教育の中の「国語」は、教養の一つのステップとなるだろう。そうすれば、現場の国語教師の眼も、広く人生に開かれるのではなかろうか。

「学校」とは何かと考える時、少数の教師集団と不特定多数の生徒集団とが、言葉によって相互にパフォーマンスし合う生活空間、と規定してきた。その意味で、病院や交通機関と類似する。しかもなお「学校」独自のものを問うならば、試験《テスト》とチョークと語ってきた。そして、テストに基づく評価権こそが、今や学校を象徴するかのように制度化されている。

テストに触れてみよう。テストなき学校は珍しい。にもかかわらず、テストは是非の場で本質論としてよく問われるが、その日常が問われることは少ない。

点数を伴わないゲームは存在しない。努力を強いられる学校教育の中の、点数を争うテストという制度を、私は、わりとすんなり肯定してきた。多様な教科の中で、それぞれが努力し合い点数を競い合うことは、ひとつのゲームでもあり、向き不向きがゲームごとに生じるのもごく自然のことと見てきた。すべての人々がひとしなみのテスト結果を必要とすると決めつけたり、その点数のみによって人間個々の価値評価をしたりすることなどは、本来別の問題である。もちろん無縁ではないからこそ、何をどう問うかについて、学校はもっと真剣に向き合ってよいと考えてきた。

縮小コピー機などの発達は、「国語」テストの様式を変えるだけでなく、問題そのもの以上に授業のあり方を大きく変えた。ワープロの普及は、今後、これらの改変を十分に予告していると読める。選択肢問題の登場は、共通一次試験制度の登場と深くかかわるものであろうが、大学の大衆化や企業社会の選別化とも十分に関係のある、一つの社会現象である。

私は長年、予備校サイドでの模擬試験問題の作成に携わってきた。特に選択肢問題の作成に努力してきた経歴をもつ。世間はよく選択肢問題を○×方式と称して軽視するが、作成する立場からすると、容易な仕事では決してない。次は今年春の有名私大の一問の「肢」の問題である。

①何も考えないでだまされやすい人がいる。
②少しも気がつかず配慮の足りない人がいる。
③何とも思わないで気にもとめない人がいる。
④何も感じないで気転のきかない人がいる。

受験テクニックからすれば、正解を出すのに十秒はかかるまい。しかし、そのように簡単に解答が出るようになるために、どのような工夫がなされているかを問うならば、どうであろう。毎年の問題作成で十分に訓練を積んだ集団の仕事の結果がこうなっているのだと、考えていただきたいのである。なってしまう側面をもつのだと、言うべきであろうか。

四分の一の正答の肢と四分の三の誤答の肢とをどのように仕組むかという作業は、一箇のりんごをより際立つものとして売り捌くことと、同じ原理に立つ。肢問題の作成には、共通項と異質項の組み合わせに基づく集合の考えが適応されなくてはならず、つねに証明を必要とする識別力の働きが要であって、そうした数理的思考能力が必要な仕事の分野なのである。私はよくテレヴィジョンのクイズ番組を参考にさせてもらったが、お目当ては誤答の作り方にあった。似て非なるものを生み出すには、多くの誤り方への理解がなければ届かない仕事だと観じて、努力してきた。集団の知恵を必要とするのも当然である。

〈問うこと〉なくして存在しない学校教育を考える時、〈問うこと〉の方法的解明はむしろ実務である。選択肢問題に即して言うならば、自己に固執して比較や論証の視点を欠く独善的人間には、肢の作成は無理である。理科教育などで訓練されたデータ処理能力もまた、大切な国語力の一つであることに、国語教師は十分気付き始めている。制度的に外からの平準化が支配的な日常の中で、自らが平準化する視点をもたなければ、肢の作成も難しく、混乱する解答者を生むだけだろう。そのためにも、学校自体が論理学を必要としているように思うものである。

書物の読み方ぐらい

学校教育における知の問題を、という課題の中で、「国語」を問い「テスト」を問うてきた。終わりに、一人の読書人としての、学校教育とのかかわりを記しておこう。

私は、本が読みたくて大学の国文科の学生になった。現在面倒を見ている不登校生の中にも、本好きはたくさん居て、読むべき本や本の読み方を求めている若者は数多い。彼らと付き合いながら、「学校」という制度はいつ、一冊の書物の読み方を教えるのかと思う。高校以下では引用の片々の読解が「国語」であり、大学では、本を読めた者として遇している。一片の文章を軽視しているのではない。人の一生を思わせる一冊の重みと、じっくり対峙する時を体験することなく学校を終えるのは、もったいないように思うのだ。私はそれを〈知の不考〉と呼んで来た。

読書に方法があるかという話ではない。場と時とを同じくしながら、多くの他者とともにひとつの道筋で読む。その共生の眼差しに基づく様式の学習こそ、学校教育が実行できる一つの知と言えないだろうか。「課題図書—感想文」という、生徒個々の資質に負わせる読書を、私は「学校」の営む「読書」と考えてはいない。しかもそれは、国語教師故の仕事ではない。すべての学科が、教科書という一冊の書物を手にして学校を営んでいることも、忘れないでおきたい。「学校」は、何ほどのことも出来ない人間集団の場である。それ故にこそ、学校だから可能なことを努力してゆくことが大切なのだとしみじみ思う。そう考える時、学校教育が知の育成に役立てることは、まだまだある。諦めないことであり、実行してみること、その行為こそが知を育てるだろう。(一九九六年九月八日)

「国語」の領分――〈方法としての国語教育〉観

「学校教育」のこと

「国語」――正しくは「国語科国語」と言うべきでしょう。その「国語」も、ここでは、三十九年携わってきた高等学校の国語教育に限って、いささかのことを書き記しておこうと思います。

前提になる「学校」のことを、まず述べておきます。設置基準法があり「学習指導要領」があるなど、さまざまの制約があることとは別に、私は通して、「学校」を、少数の教師集団と不特定多数の生徒集団とが、言葉によって相互にパフォーマンスし合う生活空間と規定してきました。したがって、この二つの集団をどう交錯させれば、よりよい邂逅の場となりうるかが、つねに問われていたと思います。「学習」を目的とするためにシンプルに構造化されている組織と個との関係性を、それ故にどう構想化し、それをどう戦略化して教えるのかが、教務的実務の視点でのスリリングな課題でした。その意味でも「学校」は、なかなか面白い〈場《トポス》〉であったと思います。人間同士の付き合いが基本でしたから、うまく機能するかどうかは、いつも不安定でした。「学校教師」「学校教育」と限定し、「学校」が許容しうる領分のルーティンワークから学校生活を発想させてきましたから、「教師」一般とか「人間教育」といった、無限定な言説に惑わされぬことも、心掛けてきた職人でした。

「目標」のこと

国語教師として、国語教育の「目標」は、日本語を用いて自由に読み書きできる平凡な一人の社会人を想定していましたから、いつも「新聞」を念頭にもし、話題にもしてきました。私自身がまだすべての記事を読み切れない状態ですが、〈地球の日記〉と称してきた新聞は、説明文も意見文も、コラムも文学作品も、文種のすべてが盛りこまれているテクストです。しかも、『朝日新聞』と『産経新聞』とでは、異なる事実を書くかと思われるほど、多様な視点でこの世の中を読むことを教えられます。私はせめて、『日経新聞』の「文化」欄の文章程度の文章が書ける社会人になったらいいと、いつも語り、よく切り抜いて参考にさせていたものです。「市民の文章」と称していました。

〈地球の日記〉と先に記しましたが、「新聞」をすすめるもう一つの理由は、新聞という小冊子？の中に、世の中の出来事が、いわば幕の内弁当のように上手に切り取られ詰め込まれている、そういう眼で世界を読みとる術を、生徒諸君に持ってほしかったのです。「国語」を学ぶということは、言葉によって世の中を、さらには世界を、自らのこととして読みとることです。それは、経済学者の内田義彦さんの書物を通して教えられ、心してきたことです。

新聞のこととは別に、「目標」として意識してきたもう一つのことは、大学でした。私の教えてきた高等学校は、ほとんどの生徒たちが大学教育を目指していました。したがって、大学で学ぶ「学問」との接点をどうするかが、大きな課題でした。〈知への架け橋〉などと語っていました。学部学科はもとより、講座制で分類されている学の世界へのアプローチを、高等学校としてどう戦略化するか。教務に限らず、個々の学校教師の義務としても重要なポイントでした。そのためには、高等学校までを完成教育と考える視点でのカリキュラム検討は必須でしたし、その成果をどう上につなげるか、さまざまな工夫をしてきた覚えがあります。

「国語教育」に即して言えば、一冊の本を読む体験と、一冊の本を論ずる体験、この二つだけはつねに心してきたつもりです。学校教育は、大学も含めて、本を一冊として読む手だてを、方法として教えていません。「国語教科書」は、高等学校以下ではほとんどが短文のアンソロジーです。大学教育では、すべて読めているものとして講義しています。このことは、読書指導の点でも心してほしいことです。指示はしても共に読む方法を欠いていますから、ほとんど生徒個々の資質にまかせている状態です。それを「学校教育」とは称しません。「学習指導要領」

の「国語」の「目標」が、「国語」を定義せず、文章レベルで記されているのは、まことに残念なことです。

「教材」のこと

ここに一篇の詩があります。

太郎を眠らせ、太郎の屋根に雪ふりつむ。
次郎を眠らせ、次郎の屋根に雪ふりつむ。

三好達治の「雪」と題する小篇です。これは「詩」であって「国語」ではありません。教師が教材化することで、「詩」も「国語」になります。しかし、教材化するだけでは「国語教育」にはなりません。国語教室で生徒たちとともに読むという、共同作業をしなければ、厳密には「国語」にならないものです。

私たちはこの詩篇で、たとえば、「二行詩とは」と詩論を学習することも、「四季派の詩人三好」の抒情を楽しむことも、あるいは、「なぜ太郎と花子ではないのか」の考察をすることも自由です。さらには、水文学《スイモンガク》の話題に展開させることも、都会における〈屋根〉の喪失を話題にして都市文化論を構想することもできましょう。私はよく、「〈ふりつむ〉は自動詞か他動詞か」を問うて授業しました。サハリン生まれの私にとって雪は自動詞でしたが、東京で体験した雪は、どう考えても他動詞です。その時、言葉としての〈雪〉は、感性の中の明確なイメージとなって、「国語」を学んでいる気になったものです。これが日本語の「文法」でしょう。

しかし現実には、「詩」を教材化することの堪能な国語教師は、正直、極めて少ないものです。国文科出の国語教師の大半は、小説好きの人生派か、文芸評論や文化論を好む熱心な読書家が大方のようです。思想的文章や科学を話題にした文章は、どうしても敬遠されています。これは実に困ったことです。世界の学校教育で、「国語」イコール「文学」と決めつけているのは、日本の国だけでしょう。最近話題の『中学校の教科書』で、特異な詩四篇を「国語」としているのなどは、どこかで大きな勘違いをしています。なぜ「国語教師」が担当していないのでしょう。

フランスの、六十五万人ほどが受けるという大学の資格検定試験（バカロレア）が、たとえば「歴史家にとって記憶だけで十分か」という問いを出し四時間かけて論文化させています。しかも八割は合格する論文を書くと聞きます。一人の平凡な社会人を目標にして国語教育を実践してきた私からすると、一篇の詩を問うよりも、この問いに耐えうる授業内容を学ばせることの方が、「国語」らしいと思ってしまいます。私は先に岩波書店の『文学』の求めに応じて、「私言《ささめごと》——学校のできること——」（一九九六）を書き、その冒頭のところにこう書きました。〈大型書店のど真中に佇《た》ってぐるりと見廻す書棚のすべてを、本来ならこれみな「国語」と観じ、何度も嘆息をついてきた〉と。私の読みこなせない書物の山だらけだからです。

私は二十年近く、三省堂の「現代国語」の教科書編集の仕事に携わってきました。自然科学系の単元をよくまかせられて、多くの科学者の文章に接し、「文学」のみを「国語」とすることの誤りをつくづく感じ、教えられたものです。これからの国語教師には、歴史学と物理学の基礎的教養が要るぞ、と、よく語っていたものです。そして「教科書」で必要なことは、大方の教師たちが教材化可能な文章の選択です。それだけに、アンソロジーとしてのテーマの構造化が工夫されなければなりません。近年の「国語」教科書が、文種によって単元化がなされているのは、私には頷けません。「国語」を「文章」と決めつけているかのような「学習指導要領」のせいでしょうか。

「文学教育」のこと

先に「国語」は「文学」とイコールではないと書きましたので、「文学教育」について触れておきます。「文学教育」を、文学作品を教材として教室で授業すること、と限定して考えるならば、たとえば『万葉集』の授業を私は、こんな風に演じてきました。

初めの十年ほどは、大学で学んだ国文学の方法に即して、ひたすら研究書を調べて教えました。武田祐吉、澤瀉久孝、土屋文明、斎藤茂吉、五味智英、土橋寛といった方々の本がすぐに眼に浮かびます。そして何よりも、教師になりたての頃に出た西郷信綱著『万葉私記』を夢中で読み、北山茂夫らの歴史学者の論考を参考にしながら、一首一首の読解プリントをガリで切ってては、自分自身がのめりこんで教えていたものです。高木市之助著『吉野の鮎』や、何冊もあった『万葉集大成』といった書物も繙き、教えられたものです。そして授業内容は、文学史的整理に基づいて、一冊の『万葉集』から個々の作品へ、古典論から作家論、そして作品論へとアプローチをとりながら、歌風の独自性にまで及ぶ類の、いまふりかえると、何とも欲ばりな授業構想でしたし、生徒諸君もよくついてきたと思います。

しかし一九六五年に札幌から上京し、学校環境の変化もベースにはありましたが、上記のような万葉の授業は、いわば大学における研究の仲介屋に過ぎなく、高等学校の生徒諸君にふさわしい授業方法を工夫しなくては、高校国語教師のプロにはなれないことに気づいていきます。少しずつ、たとえば、題材やテーマによる教材化をはかるなどの工夫を重ねていましたが、いま思うと八〇年頃、大きな転換を経験します。初めてヨーロッパを旅して、その風土と文学の関係性に触れたことが大きかったし、その頃出た真木悠介著『時間の比較社会学』が私の眼を開かせてくれたこともありました。

「君たちはいつ迷子体験をしたか」とか、「一本の樹を〈樹〉として見るようになったのはいつだろう」といった問いかけをすることから、私は『万葉集』を教えてきました。それはもちろん、平城京という官都の成立が家持の孤独感を生み、赤人の自然観を発見させたといった平凡な歴史上の事実を踏まえての導入でしかありませんが、迷子にすらならず、庭木を自然と見るしかない今日の都市生活者の高校生たちの、日々の日常の中に〈万葉〉の歌ぐさをポンと投げ出すようにして、共に考え共に学んできたのです。文学が得手でない大方の高校生たちにとっても、〈孤独〉や〈自然〉は、共に考えるテーマでした。

生徒一人ひとりの成長過程の中に作品を位置づけながら、『万葉集』を生んだ時代の人々の生活への思いやりも歴史を通して学びつつ、ものを見、ものを考える、そして感じる、それを言葉を通して、同時にそこで自らの生き方をみつめ直すことが〈万葉〉で出来るようになったと思ってきたものです。

これはもちろん『万葉集』に限ることでも、古典教材に即すことでもないのは当然です。文学を文学として理解し合うためには、文学作品だけを読んでいては無理なのです。歴史はもとより、科学も宗教も芸術も、言うなら政治も経済も、世の中のすべての日常についての知や感性の育成があって、初めて文学も文学になりましょう。文学教師としての出立の頃、〈すべてが落ちる〉と歌ったリルケの詩の話に、ほとんど理系の男子高校生はポカンとして、言葉の通じないことに初めて出会い、教える言葉の工夫の必要性に迫られたことを思い出します。

日本の「国語」に相当する教科内容をフランスのリセに求めれば、「文学」「修辞学」「文法学」「論理学」、そして「哲学」となりますか。私はこの区分けの方が合理的のように思ってきました。そして日本の国語教科書も、こうした視点からの総合的なアンソロジーとなることが望まれるし、国語教師としての教養としても求められていると考えるべきだと、よく語り、書いてきたものです。「文学教育」を意味無しなどと言っているつもりはありません。国文学研究のミニ版のような国語教室をたくさん見せられてきましたから、それは「国語」じゃないだろうと異議申し立てをしてきたつもりです。まして、ディレッタントは困りました。しかし、そうした形で文学と出会う場も、学校に本来在って然るべきとは、十分認識し、カリキュラムの上でそれを意図し、私自身、〈文学〉に淫して授業で遊んできた一人です。文学こそと力んでみても致し方ありません。

じゃあ「国語」で何が出来るのか。私はやはり〈言葉〉だなあと思ってきました。言葉で感じ言葉で考える人間の育成。それも生き方に絶対は無いと観じつつ、〈言葉〉を通して読み書きすることで、生きていると実感できる生のあることが、わかってもらえたら、とよく語ってきました。だから「日本語」の言葉としての特性を文化として教えることは必須だし、そのための古典教育こそ「国語」であるべきと語ってきました。そして何よりも私は、〈書く力〉の育成に、ずいぶん意を尽くしてきたつもりです。一人ひとりがまず、自らの〈言葉〉と出会ってほしいと願ってきたからです。私自身の生の出立も、詩を書くことから始まったと思っています。

「共同作業」のこと

さて、一人の教師と多数の生徒たちとが、一つの文章を共に読むという共同作業が、学校教育の中の「国語」であると先に書きました。日本語が、同音異義語を多くもつことが、国語教室を寡黙にするのもごく自然です。古典になればなおのことです。読んですぐ感想を語り合う文章ではありません。〈考えるな。見よ〉と、ヴィトゲンシュタインの言葉を借りて教えてきたものです。しっかり眼で文字をとらえ、そして言葉の織物としての文章を、一つの構造物として読解することは、やはり訓練が要ると思い、実践してきたものです。

教室で「国語」を教えるということは、教師と生徒たちとの、一体化した同時の身体作業でした。生徒たちは一つの文章を、教師の声を耳に聴きながら自分の眼でしっかり読むことをします。時には教師に目をやり、あるいは板書をとらえ、テクストやノートにメモを記します。目・耳・手の同時作業が、教室の「国語」です。教師の方は、クラス全体の動向に目配りをしつつ、テクストをしっかり眼で追い、自分の声を耳に聴いて文意や展開を確かめつつ、時には板書もするし、生徒たちの反応を見つつ語りかけ、机間巡視もします。質問があれば、全体を視野に入れつつ個と対話をする心がけも必要とします。言うならば、目・耳・口・手の上に、歩きまわることも含めた全身運動が、「国語」の授業でしょう。市川浩氏の身体論の影響でしょうか。

私の演じてきた三十九年間の「国語教室」は、こうした教師と生徒たちとの、身体的行為のシンクロした共同作業（コラボレーション）でした。したがって、国語教師に要求される基本的な準備は、まず、テクストと教室全体とを同時に視野に入れる身体能力の訓練であると、大学の「国語科教育法」ではよく講じていました。そのために私は、テクストはつねに何ページ何行でイメージ化し、そのためにカラーペンを使って見易くなるような工夫はしてきました。生徒たちにもカラーペンを利用させました。私の国語教室に欠かせない共同作業の一つでした。

私の文脈上の指示はもとより、生徒たちの質問や指名で答えさせる場合も、必ず「何ページ何行目」の指摘は欠かせない約束ごととしてきました。「何となく」を認めることはしませんでした。一つの文章を共に読むという仕事に、約束ごとや手順が必要なことは当然でしょう。カラーペンによる色塗り作業は、文章を構造でとらえることの上でも効果的ですから、詩や古典が教材の場合でも、欠かせない「国語教室」の約束ごとであり「方法」でした。「共同作業」であるからこそ。説得と納得の方策が、「国語教室」の要諦でありました。

「機器」のこと

かつて大河原忠蔵さんが、映像を利用した国語教室の方法を説いていた頃は、視聴覚教育が新しい課題をもたらし、「国語」の幅を広げた時代です。私がここで記しておこうと思っているることは、より身近なことです。試験の問題用紙にかかわることです。教師になりたての頃の難題の一つは、ガリ切りでした。現代文の問題は引用文が長く、といって限度があり、部分を問う以外にない不自由があったものです。四連の詩の一連のみで国語力を問おうとしている教師も居たりして、テストによって授業が制約をうけることも当然あったはずです。

七〇年代に入ってのコピー機の登場は、引用の量にさほどの違いはなくても、問題用紙上の様式が固定し、何よりも印刷ミスがなくなることで、作成する側に余裕が出来、設問の仕方に工夫が出来るようになりました。縮小コピーの登場は、八〇年代であったでしょうか。森鴎外の「舞姫」の途中を部分カットし、全体像をA3判の用紙に縮小し設問化したことがありますが、全文を国語力として問えることで、授業の内容も当然変わったことを覚えています。生徒の側も、山を当てる式の勉強法が不可能になった効果は、極めて大きいものがあったと思っています。

私が停年で退職したのは九三年の春でしたが、寸前の私の授業で、机の中でワープロを打ち、授業終了と同時にそれをノートとして私に見せてくれた生徒が居ました。その頃、私は英文科の教授連と組んで、自動翻訳機に取り組んでいる企業の責任者を呼び、全学科の教師たちに講演を聴いてもらうイベントを催しました。言葉で言葉を言い換える作業が、いずれ機械によって可能になるという報告であって、その完成が学校教育を大幅に変えるだろうという予測をもったものです。単に英語だけのことではないという話でした。

現在、小学生が学校で簡単なEメールを送信しているそうです。iモードの携帯で自由に送受信している小学生の手元を見ていたりしますと、原稿用紙に作文を書かせたり、ノートに手仕事でメモをとらせたりしてきた国語教室の作業も、早晩変化することは必定のような気がします。ＩＴ革命が叫ばれている産業界の現状から、学校教育もまた影響を受けましょう。国語教育はその事態をどう見ているのでしょうか。私の努力してきた身体のシンクロナイズする国語教室の活動は、どうなりましょう。ワープロさえしない手仕事で生きている私には、予測ができません。

「分類」のこと

国語教室の扱う学習内容に、少し踏み込んでみます。まず古典文法です。文法学習における「識別」と「証明」の作業を、文章化させて初めて「国語」になるという話をしたのは、北大国文三十周年記念大会でのことでした。成城大学の国文学会でも、同様のことを話しました。もう二十年になりますか。大学受験問題の分野ではもとより、国語教育の現場からも、そのような実践を聴くことがなかったのですが、現在はどうでしょう。「学習指導要領」に何の指示もありませんし、相も変らず暗記科目となっているのは、まことに残念なことです。

古典文法が識別作業を生徒たちに課すことの出来るのは、日本語が主に形態によって明確に分類されているからです。したがって分類学が示している、種類・系統・類似・記号等によって区分け表化するという、分類の手順に基づいて学習させて、初めて体系としての文法が身につくものです。生徒たちが「生物」で、メンデルやリンネを学んでいるのですから、リンクして応用しないのはもったいないことです。文法教科書がその区分の方法を明示しない限り、あれはただのデータ集でしかありません。「学校文法」は多くを知る必要がないのですから、むしろ理論的整理の分野として文法を学習させる方が、どれだけ理解がゆくか分かりません。用言や助動詞の活用表上の六活用形のオーダー一つ理由説明せずに、ただ暗記させられている実状には悲しいものがあります。学問が科学である限り仮説であり、学校教育では「学問」の成果もまた、一つのデータでしかありません。用言の活用原理にしろ、活用表の表化の構成原理にしろ、「文法教科書」は、その原理を説明しなくては、〈教育〉とはならぬものです。

一例を示しましょう。「用言の活用語尾の自立したもの」としての「助動詞」二十八語のうち、「し」で終わるもの（形容詞型）、「り」で終わるもの（ラ変型）が、それぞれ八語と七語、合わせて十五語もあることを、いつもなぜだろうと思っています。三人寄れば文殊の智恵、五人集まればかしがましなどと称し説明しますが、多い八語はそのうち三語が形容詞型の活用を拒否します。しかもその離反の仕方が、「無変化」（じ・らし）と「乱脈」（まし）と、実にこの二通りしかありえないという理に適った現象を呈しています。「まし」は活用において異説の多い助動詞です。現行助動詞の分類の方法がそうなのか、分類してみたらこの現象が認められるのか定かじゃありませんが、形態分類の視点でこれを視る時、なかなか面白いことがそこに見えてきます。私は授業でよく、この「まし」の離反現象を、〈異端の誕生〉と名付けて遊んできました。中村雄二郎風の〈知の組み変え〉の応用です。「センター試験」の「選択肢」問題に見られる「肢」の作り方も、つまりは「集合」の理を活かして分離化識別化させる方法論に従っています。世間は往々にして、試験を受け手の側で論じて、〈問い〉もまた創られたものであるという視点に思いが到らないことが多いようです。○×方式として不評のこの「選択肢問題」は、作問する側に立つと、数学的処理能力を動員する適度な技術を必要とし、少なくとも形式論理学の素養がないと無理な分野です。「集合」「分類」「証明」といった方法が統括的に必要ですから、正解にしろ誤答の「肢」にしろ、作問には相応の力量と集中力がなければなりません。「センター試験」や各大学の入試問題が、その困難性をよく物語ってくれています。この作問のことは、先に示した岩波の『文学』の小文に書き記しておきました。

試験問題の困難性は、「正答」の正統性にあります。その正答の正しさの立証化を、「国語教育」の分野は重視すべきであると語ってきました。文法識別の文章化と同じで、選択肢問題も選択理由の文章化を伴う形にすると、「国語」として認められるとも主張してきたものです。文章力よりも、かなりの論理的な思考力を必要とする分野であることはまちがいありません。生徒諸君の問題ではなかった体験も多くもちます。むしろ生徒たちの方が、数学を学んでいて思考が柔らかですから、理を納得してくれるものです。

「国語教師」のこと

詩とスポーツの好きな少年が高校国語教師になる、その平凡を、一人の職業人として見直すことを始めたのは、二十年のキャリアを積んだ頃からです。それと同時に、「高校国語教師」という職業人の特性についても、改めて問い始めています。中学や大学の教師との違い、数学や美術の教師たちとの違いを、個人差の視点ではなく、仕事の日常の中での一般的特性として見定めておこうと考えたからです。そのことを終わりに書いておきましょう。

たとえば、同じ読書人としても、国文学を学んだ私は、一冊の書物を通して、書き手の思想も文体も履歴も、そして時代背景をも読み込む研究の訓練をしてきたと思っております。そこが違うと見えました。したがって私は、さまざまな研究会や行事をプロモートしてきましたが、すべての集会を一冊の書物としてとらえ、つねに目次化から作業を始めてきました。〈都市は書物〉と言った詩人たちの視点なども、十分に活用させてもらったと思っています。日々の仕事の進行も、ページをめくるように、読みのコンテクストを組み立ててゆくような段取りで眺め、仕組んでみたものです。

こうした視点に立つことが出来るようになったのは、六五年、上京と同時に、学校で校務として教務を預かったことと、教科書の編集作業に参加させてもらったことが大きかったと思います。「国語」を一冊の書物として構造化する視点を教科書で知り、分科した教科を総合する知のカリキュラム化を教務として企図させられたことは、一人の職人の人生にほとんど革命を強いたと思います。その中で、ポール・ヴァレリーや立原道造で感性の構築化を知り、アイスホッケーのゴールキーパーとして部分と全体の統合的視線の重要性を教えられたことで得をした思いをもったのも、まんざらのとってつけではないでしょう。無駄はないものです。いまふり返ると、こうした一人の職人の姿を明らかにしてくれた書物や文章群が、いずれも一九七〇年代のものであることに気付きます。私の「国語教育」に確かな哲学を添えてくれたものとして、ここに書き記しておこうと思います。

実践で培ってきた私の構造主義に、しっかりとした理を与えてくれたのが、遠山啓著『数学は変貌する』で、圧倒された思いをもちます。同時に、科学の詩的感動をさわやかに示してくれて、人間に理系も文系もないことを教えてもらったのが、湯川秀樹・梅棹忠夫両氏の対談を一書にまとめた中公新書『人間にとって科学とはなにか』でした。読書や学問の楽しさを、これほど豊かに語ってくれた本は初めてでした。生徒諸君にも配って読ませたりしました。この二冊が、私の「国語教育」の全体像を早いうちに確かなものにしてくれたと、いまでも思います。

ついで、国語教室での指導のハウ・トゥが、思想への基盤となる実務だとして自信をもたせてくれたのが、内田義彦著『学問への散策』に収められていた「方法を問うということ――看護人的状況としての現代における学問と人間――」の一文でした。ここから、『作品としての社会科学』に至るまで、内田さんのお仕事はほんとうに私を支えてくれたと思っています。八一年に岩波の『文学』に書いた「職業としての『国語』教育」は、内田義彦の思索に力を得て書いたエッセイでした。

遠山さんに教えられた〈構造〉の概念装置を、より具体化して実務化するのに励みになったのは、清水幾太郎著『オーギュスト・コント——社会学とは何か——』でした。さらに比喩豊かに構造の戦略化を楽しませてもらったのが、外山滋比古著『エディターシップ』であり、以降の『みすず』連載の外山さんの文章群でした。

専門教科としての「国語」に即すならば、文章読解の方法論の模索の中で、自己解体から読みの方法化への道筋を示唆してくれた、中岡哲郎氏の『ものの見えてくる過程』の一文は衝撃的でした。雑誌掲載のものですが、やがて一書になっています。中岡さんからは技術の思想をたっぷり勉強させてもらったと思います。そして古典を読む、特に「口語訳」というルーティンワークを、文学としてきちんと位置づけていただいたのが、西郷信綱著『古典の影』所収の、「《読む》という行為」という一文でした。国語教師としてはもっとも重く意味ある一書と思っています。

これらの文章は、以後、ことあるごとに読み返し育ててもらいましたが、終わりにもう一書、七九年に出たロラン・バルトの『エッフェル塔』を挙げさせてもらいます。三十周年記念の北大の国文学会でも名を挙げておきましたが、いままで学んできた諸学の思索の方法論が、この一冊で私の中で統合したかのように思った本でした。フランス・アルザスの学校創設の実務は、この一書に導かれてというような思いをもっていたものです。視線に基づく解読から構想へ、それこそ知性だという言説に元気づけられて仕事をしてきた覚えがあります。ひとつの思い込み以上ではないかもしれませんが。

これらはいずれも、一人で出会い一人で読んできたもので、一般性は無いかもしれません。しかし、所詮は人も本も邂逅なのでしょう。国語教室における教師と生徒との関係にしても同じでしょう。それ故、教師側には戦略が要ると考えて努めてきたものです。

まとめ

私がこの一文を書くきっかけは、島﨑隆著『ウィーン発の哲学』の中で、オーストリアのギムナジウム教育の実際に触れたからでした。かつて読んだ柏倉康夫著『エリートのつくり方――グランド・ゼコールの社会学――』で詳しく知ったフランスの学校教育の実態のことも、念頭にありました。先に紹介した、共に六十五万人ほどが受ける、日本の「センター試験」とフランスの「大学入学試験（バカロレア）」との、あまりの違いに考えさせられていました。「小論文」が重視されつつある大学入試の状況を見れば、なおのこと思います。平成十五年(二〇〇三)度から実施される「学習指導要領」が示す、三年間で「国語表現Ⅰ」の2単位必修でよしとする、日本の文部科学行政との格段の違いを思います。古典の学習を重視する文化国家になるのはいつのことなのでしょう。週五時間ぐらいは学ばせたい思いです。

藤原書店から『内田義彦コレクション』が刊行されていることは、退職して八年になる私の頭脳に、職人であった当時のことを久しぶりに思い出させたりしてます。いずれももう遠い日のことなのですが。（二〇〇〇年十一月二十六日稿）

職業としての「国語」教育――教師論の視点から

国語教師の条件

迷いつつも一人の高校国語教師でありたいと生きてきて、まもなく三十年になる。社会制度の一部である「学校」は、外部現実の変動に応じた役割や機能の変化はあっても、「言葉によって教え・教えられる」関係の総体である生活空間の実態に、それほどの変容はない。むしろこの無変化の〈学校性〉にこそ学校が問わるべき今日的意義があり、それ故に、対極に位置するかに見えるイリイチの脱学校化の主張と教科書検定強化の行政措置とが、現実の教育課題となっているのである。変わりつつあるのは教師を職業とする人間個々のありようである。一人の教師として生きようとする姿勢は、明らかに時代とともに変わっている。「学校」という生活空間が、教師と生徒というタテ構造の人間関係を必然とする言葉でかかわり合う場である以上、私にはその教師の「言葉」が変質しつつあることを感じる。私の携わる高校教育は、早晩、教師における日常言語の社会性について論じ合わなければならない時を迎えるであろう。

私はこのエッセイを、実務に携わる職業人「国語教師」のあるべき条件をメモ風に書き記すことから始めて、日々の仕事に棹さした実践課題を内容とするものにしようと思う。

一人の社会人として「学校」で生活している私にとって、「国語教師」は一つの校務にしか過ぎない。国語科の一人であるということで学科人であると同時に教務としての学校カリキュラムの構造化に携わり、しかもホームルーム担任団の一員であり時にクラブの部長でもある。しかも年齢を積めば管理職ともなり、学園全体のさまざまな立案や行事の責任団の一員ともなる。それらは大方同時に一人の教師の日常の生活が背負っている。大学の国文科を出たから高校の国語科教師にというささやかな必然は、こうしていまふりかえってみる時、それもまたささいな偶然にしか過ぎないことを思うのである。それ故に、私が一人の、スポーツと詩の好きな少年として歩み始めたこの職業人の道は、かけがえのない人生の道となっているのであろう。そう思いこむ日々の中で、学校という生活空間で生徒たちを教える者のありようを、あるべき姿として考え続けてきた。あくまでも私個人の眼からの見直しにすぎないものではあるが、職業である以上は誰でも努力によって到着可能な条件をという、確かな人間力に価値を置くものとしての条件を次に挙げてみよう。

一　声がよく通ること。

二　不特定多数者の所説に耳を貸し、場に応じて必要な見解（自説の主張はもとより）を、熱意をもって言葉で説得する努力をいとわぬこと。

三　世にある雑多な出来事に限らず、諸科学の動向に対する旺盛な興味関心を普段に持つこと。

四　他人と共の生活を苦にせず、多数を組織化してことを営むことに、常に工夫を続けること。

五　言葉を読み言葉を書く営みを日常としながら、言葉に対する感覚の練磨を怠らぬこと。

六　ことに際して動じることなく、しかも一人で仕事のできること。

今日の高校教育が、中学卒業者の九四パーセントという不特定多数を対象とした、方法的実務の生活空間であることを不可欠の前提条件とする時、国語教師が国文科出の自閉的読書人の集団であることは、やはり不幸のようである。私自身その欠陥に十分苦しんできた。大方の国語教師が、文章に於て読む人であって書く人でない（書けない）ことの矛盾は、作文評価という実務の上での歴然とした疎外状況を教師生徒双方に生んでいる。自然科学の論文も体育や家庭の教科書の文章もまた「国語」であることに気づくには、国文科出の私は、長い時間とともに、小海永二氏をすぐれたリーダーとする教科書編集という実務経験を積まなければならなかったとふり返る。

国語教師であることに、しかも言葉にもっともかかわる職業人である者の条件に、右の条件の一、二、三や五が置かれるのは自然であろう。学校空間が、常に多数の人間関係を唯一の基盤とする言語空間ならば、四もまたおのずから努めなくては組織として機能しない。学校空間が、生徒に対して不変のヒエラルキーを維持するから同僚間は平等でありうるとする幻想は、ずいぶん長い間の見事なヴェールであったと思う。私も含め、教師は大方弱者集団である。徹底した他者依存の生活者である歴史は、実に長いものがある。教育という制度の要求する平等性が、生徒の人間育成に焦点を与えすぎていて、教師個々の生き様を極力平均化している。生徒の前に教師は平等であるべきであろう理想とともに、教師もまた一つの職場の中で一人の人生を生きていることの事実を、やはり考えてゆくべき時に来ている。文学教育論が常に生徒の人間陶冶を美しく語りながら、遂に教えることで切り拓かれねばならぬ教師の問題が国語教室の観点で論じられてこなかったことは、おそらく国語教育の未熟として歴史から指摘されるであろう。文学作品の前には、教える者も教えられる者も一人の読者であることを忘れてはならない。あとで私はその問題に触れる。

〈一人で仕事のできること〉、学校空間が多数の人間の混在化した空間であるからこそ、生徒も教師も一人でありえなくてはいけないはずである。いま、教師も生徒も一人で歩いていない。そこには、「国語」もまして「文学」は存在しないように私は思うのである。〈ことに際して動ぜず〉は、教師ならば誰も念じる思いであろう。動じないためにこそ、つねにセンシブルであろうとする努力もまた、平凡な日常の仕事なのである。その時、十五歳から十八歳という年代の生徒たちが、さまざまな内容の映画を映しだす一枚のスクリーンのような高校教師の眼底を通り過ぎてゆくのは、えがたい生活空間なのであろう。その意味でも生徒に感謝しつつ、しかし彼らほど無惨なる権力はないと知るのも、私の職業人の生理である。

文章を「国語」として読む手仕事について

国語教室における「国語」は、大半の時間とエネルギーを「文章を読む」作業に当てている。私は大学時代を含め、「読めばわかる」という言葉に劣等感と疑問を持ち続けて、いつか「読むこと」を学力として評価する職業についていた。私の国語教師の道のりは、おのずから「わかるように読む」方法構築への日常的な訓練であったと言える。教師となった十年ほどは、「教師用指導書」はもとより雑多な参考書も自習書も一つの「読み」の実例として頼りもし参考にもし、やがてそれらは誤読なら誤読なりの実例として生徒に説得する資料ともし、つまりは多様な読みを知り自分の読みを説得する事例としての役割をなすものとして扱ってきた。たとえば教科書編集の実務の中で、生徒がもっとも利用するアンチョコこそ編集委員会が責任をもとうではないかとの考えに賛成して、その内容の充実に努力したのも、同じ道筋であった。人並みに近代文学研究者の養成所まがいの国語教室を面白がったり、詩も評論もすべて人生道場と化す国語教室作りを体験しながら、少しずつそれから離れていったように思い出す。経済人をうみだす成城学園の学校空間に居ると、「詩もまた一つの文章」として読む訓練にはなるという思いが強い。「読めばわかる」はもともと、訓練を終えたエリートの特権的発想である。読んでわかるならば、なお読むことを教えるのに営々としている学校教育百年余の歴史はなかったであろう。それと同時に、その「読めばわかる」読み方とわかり方の一義性もまた、さまざまに見極める眼を私は持てるようになった。現代小説ならば得々と講義してテストでその思想性を問いつつ、古文では基礎文法の暗記問題のみを課すかのような自称文学教師の奇妙な実態もまた、十分見据えてきている。二十代の私もまたその一人であったろう。それはおそらく、読み方をハウ・トゥとして問うことのない大学「教育」の学問的未熟さに照応した悲劇なのだと思う。内田義彦氏の近作『作品としての社会科学』が教えてくれたものは実に重い。

国語教室における文章を「読むという仕事」は、教師にとっても生徒にとっても個の閉鎖性の中での読書法の確立ではない。それぞれが「個の読み」を確かな基盤としつつ、共有できる論理と感性の道筋を、目前の一つの文章から読みとる作業である。さまざまな読み方の可能性は、読み方の訓練の行届いた者同士が語り合える可能性であって、必ずしも堪能でない教師と生徒との生活空間での「読み」の道筋の獲得は、ともに一応納得する論理の共有という契約を交すところにしか成立しない類のものなのである。ちょうど数学の問題が一つの答のみを要求するものなら、その到り着くまでの解き方の多様性こそ教師が全力で教えるべき義務をもつはずであるように、国語教室における読みの方法は、異なる個々人が共有できる抽象度の高い論理の発見に、教師と生徒が共犯者となる営みであるというのが、私の長い体験から得ている授業理論なのである。生徒はもとより教師個々の読みの独自性は、一人一人が個の自立を体得してゆく限り常に自らに戻りうるはずであるからである。そうした観点からの実務的話題を三つ、ここではまず紹介しておこう。

文章としての規範性を確かに有する意味で古文を例にとろう。私はこの数年、国語の授業にカラーのペンを意図的に使用させている。昨年度の三年生の『源氏物語』の授業では、赤と緑と黄の三色を次のように活用させてみた。まず原文中の登場人物を赤で囲わせて人称整理による人物措定を作業しつつ、ついで補助動詞を中心に敬語をすべてグリーンに塗らせ、主語尊敬と客語尊敬との仕分けを踏まえて登場人物相互の位置関係の概略を説明する。その上で形容詞のすべてを黄で塗り、『源氏物語』がいかに形容詞を多用する心理小説かを認識させ、しかもほとんど同一形容詞を用いない表現法に即せば、個々の形容詞の解釈こそが一つの『源氏物語』理解のポイントであることを納得させる。その上で、心理表現の形容詞と衣装でしかない敬語表現を省く形で、全体の文意をまとめてみせる作業を、下調べ段階で十分確認したものとして全員に課す。物語文の大意は、登場人物と動詞を中心に、文脈の決め手になる主なる助詞と助動詞に傍線を引かせる作業でまとめてみせるのである。形容詞と敬語を省くことで文章量が三分の一にもなる部分のあるのが、『源氏物語』の文章の様式であるからである。三色は交通信号からの借用でしかないのだが、敬語による人間相互の関係がわかれば物語の中核をなす人物の把握が可能になり、まさに心理の読みとりこそ注意信号として解釈作業の中心を形容詞に置くのは、文法的にも理に合っている作業である。一、二学期間で色を徐々に意識下に消し去ることで、文章の構造的な読みのルールをイメージとしても体得してもらおうというのが、一つの手仕事としての国語の授業法である。助詞や助動詞、それに句読点の意味する文脈への読みは、この方法でずいぶん楽になった体験をもつ。また、この方法は私の中で、渡辺実氏の文章論の応用の心積りがある。

『源氏物語』が今日の高校の古文教材として適当かどうかについては、私もほぼ否定的である。五十七年度からの「国語Ⅰ」の「教師用指導書」に、生徒用と同じ品詞分解を載せる会社が二社あるという国語教育の現実からは、『源氏物語』などの古文教材化の問題は、より深刻であろう。読めない教師の登場というよりも、自ら読もうとしない教師の登場の時代であるところに問題があるのである。だからこそ〈読み〉の工夫は日常の仕事でなければならない。塗り絵に等しい私の国語教室を、「文学」の読者はどう読むのであろうか。私はこの実践を昨秋の成城大学の国文学会で話をした。私はこの作業を、生徒と共に同じように作業する。助詞の一語も曖昧には訳せない国語教室の現実の中のこの共有の手仕事から、今年もまた新しい工夫を試み始めている。

二つ目は文章のテキスト化の問題である。新任当時、近代詩専攻者の私は、『天福本伊勢物語』で授業する先輩に羨望を持った。その羨望が何に対する羨望であったかを最近しきりにふり返る。あの変体仮名は私も苦手だが、いたずらに漢字を与え濁点も句読点も段落までつけるテキスト化の方策が、読む力をずいぶん衰退させているような実感が強くなってきてもいる。『方丈記』冒頭の段落分けなどは、現代文読解における段落分けの方法論からは四段になるべきで、〈知らず〉以下の対句構造の人間不可解論が、『方丈記』全文末尾の人間論と見事に照応するものであるとしか私には読めない。検定教科書に見る古文の段落分けは、句読点の恣意性とともにもう少し厳密であって欲しいのが、正直な願いである。さらに今日の教科書は、図鑑的要素や追い込みの必要性から、『徒然草』や『枕草子』などの中の短い章段でさえ、現代文の教科書における詩のような扱いはしていない。二十字一行で四行ゆくと写真割り込みで十字一行の五行組みとなり、ページが変わるとまた二十字組みとなっているものに始終出会う。だがこの物言いのためにこの稿はない。

私はいま生徒に、全文仮名書きのノート作りをさせている。その上で次頁表のような本文のプリントを作り授業に利用する。（『枕草子』の読み方」①の一部である）

そのプリントに基づく授業内容を、授業後に作成する「読み方プリント」で、私は次のように書いている。（部分抄である）

「『枕草子』の読み方①」というプリントを見ながら授業をすすめているのだから、このプリントも、

春	あけぼの	やうやう白くなりゆく　山ぎは　すこしあかりて 紫だちたる　雲　の　細くたなびきたる。	
夏	夜	月　のころはさらなり、 闇もなほ、蛍　の多く飛びちがひたる。 また ただ一つ二つなど、 ほのかにうち光りて 行くもをかし。 雨　など降るもをかし。 （工藤）	月　のころは、さらなり。 闇　もなほ。 蛍　のおほく飛びちがひたる、 （また）、 ただ一つ二つなど、ほのかにうち 光りて行くも、をかし。 雨　など降るも、をかし。 （新潮日本古典集成）

それを傍らにおいて読み、勉強してほしい。「教科書」、特に古文の教科書は、いろいろな配慮から写真だの図だののために文章がまとまった全体像を示してくれないことが多い。この頃はこの点に不満を抱きはじめている。文章は視力で読むものと語りつづけてきた私の理屈からも、当然の不満である。文章も構造をもつ。その構造的なとらえ方の感覚の育成を、私は考えているのだ。つまりそれは、教科書よりもこの①のプリントの方が、この一段の文意は視覚的にわかりやすくないか、ということである。そしてその点については萩谷朴《はぎたにぼく》という学者の仕事があることを、プリント①で示してある。（日本古典集成）

「春」から読んでゆこう。〈あけぼの〉については、〈あかつき→あけぼの→あさぼらけ→あさ〉というオーダーについて触れたね。〈やうやう〉は「漸」、つまり「やうやく」と同じらしい。クレッシェンドの状態である。問題は〈白〉と〈紫〉とのかかわりであろう。〈山ぎは〉は「山際」で、「秋」の〈山の端〉が稜線を意味するのに対し、空が山に接するあたりという、ある空間の意である。線と面との違いである。黒板で図示したことのイメージを忘れぬように。〈たなびく〉は「棚曳く」で横雲である。〈棚〉は横に作るもの。私は『枕』を始めるに際し、すべて「かな」でノートをとらせ、それに漢字を与える作業を古文の基礎学習の方法と言ったね。なぜ〈はる〉が「張る」でも「貼る」でも「腫る」でもなく「春」なのかは、十分君たちの言葉で証明してほしい。伊勢物語の冒頭が〈昔、男〉で始まるには、「昔男」という「雪男」もどきの男が居なかったことが証明されなくちゃ、単純に「昔、ある優男が」などと訳を始めては困るのだ、とも話してきたね。そこから、清少が『枕』を筆で書く際に、あるいは清少の書いた一冊の原本を他の文学好きの女房が借りて写して自分の本としようとした時に〈しろく〉と書いたつもりが、蚤《のみ》でも背中を刺して掻《か》こうとしてうっかり〈しるく〉と〈ろ〉が〈る〉となってしまったとする。〈る〉と〈ろ〉との区別がなくなった時、君ならどうするか？　こんな話をくしゃみを例にしてたね。そこに後世の学者による「読み」という仕事、つまり「解釈」という面倒な科学的な営みが必要となる。つまり次の図式のような二つの読みの道筋が生じる。

A　白《しろ》くなりゆく↓あかりて↓紫だちたる雲
〈明〉
B　著《しる》くなりゆく↓あかりて↓紫だちたる雲

〈あかりて〉の場合も「明りて」「赤りて」の二説があるのは本当だが、いま大方は「赤る」の用例の少なさから「明りて」説が圧倒的に多い。私もそれに従って読むことにするが、正直、京都の春の〈あけぼの〉の空合いが、はたして〈白〉から〈赤〉、やがて〈紫〉になるのかどうか、春を一度も京で過ごしていないからわからない。学者は十分その点を承知で研究しておられるのだから従ってゆこう。北大国文の学生の時、恩師の風巻景次郎先生から、『枕』のゼミの時に、「君たち30分でもいいから京都で途中下車して、あの地の風に当ってきなさい。」と言われたものである。そのことを思い出す。しかし、それには君たち、東京の〈あけぼの〉の空の変化をしかと見る体験が日常になくては駄目ですぞ。成城生はその感覚を欠いている者が多すぎるのだ。困った都会生活者たちだね。だからせいぜい言葉の勉強でその感覚を思い出してもらう。

教科書が営業上の制限をもつのはやむを得ぬが、現代文でさえ短歌や俳句を二段組みなどにはしていないことを十分に考慮すべきである。いずれにしても文章が構造をもつ言語の総体である以上、そのイメージを読む営みは、個々の国語教室の教師が自らの作品観に従って工夫しなくてはならない手仕事の分野となっているように思うのである。それは研究者レベルの本文校訂の問題とは次元を異にする国語教育の課題として述べているつもりである。

三つ目は「注」のことである。私は教科書編集の仕事において、小海氏に教えられながら「課題集」の編集に長い間とり組んできた。それとともに古文の学習にもプリントで課題を授業前時に与えつつ国語教室を営んできた。この体験から、「読むという営み」が結局は文章に「注」をつけることなのだという考えをもつようになり、そこから特に古文教科書の「注」に注意を向けるようにしてきた。「学習の手引き」風の本文末の問いも「注」の一つであり、まして頭注や脚注、側注などが検定規準によって義務づけられている以上、「注」は教科書に必ずある。「注」とはいったい何か。各教科書で気になるのは「注」記の理由説明もセオリーも見当らぬことである。私見によれば、国文学はつまり「注釈学」として発達してきたはずである。中世の芸能論など個々の業績はあっても、日本文学研究史の中に、古代から今日に至る「注釈学」の実践原理的研究通史を見ることがない。野崎守英氏の『道――近世日本の思想』の一書などを稀なものとして私は評価するのだが。おそらく今後、国語教育学が成立してゆく過程に、この「注記」原理の確立はまず欠かせない基盤としなければならないであろう、というのが私の感想である。「注」は本来、十分に意図的な個の学の体系に基づく解釈であり、批評を意味する読み手へのメッセージである。テスト問題で教授者の学力や批評眼が露わになると同じである。

「注」を問題にしテキスト化を視覚のレベルで課題にするのも、それはつまり国語教室における「読むという手仕事」が、部分を問うのでもなく背景を知るのでもなく、目前にある一つの文章としての総体を自らの眼でしかと読む作業だからである。

戦後の国語教育、特に古典教育は、テキスト・クリティークを初めとして、文献学や歴史社会学派などの多くの業績を糧としてすすめられてきた。現代文では文学史研究や作家論の恩恵を十分に受けてきたことも事実である。しかしながら、国語教育はそれらの学問研究そのものではまったくない。一人の読者を生む営みをこそ、国語教育における「読むという手仕事」は目標とすべきであろうと私は考えている。その時、小林秀雄氏の文章などはやはりエリートの眼に過ぎよう。それは私の素朴な反省でもある。この観点からみる時、吉本隆明氏の『書物の解体学』やロラン・バルトの仕事などは、私の眼にも勇気を与えてくれる。

本が読めたということは世の中が、世の中を見る自分が読めたということだと書いたのは、内田義彦氏である。文章という総体の何かが見えるための読み手である教師の、一人の全体とは何か。生徒たちによって常に人生のインデックスであるかのようにも対峙させられる宿命に対しても、一語一語が「注」となることの文脈を、国語教室の外でも追い求めていかなければ、「国語」は存在しないことは当然である。内田氏はそれをまた〈下からの総合化〉(『社会認識の歩み』)と言われているように思う。

「文法」を読む意味について

十年以上前になるが、ある場で体験した二つの事件は、「文法」に対する考えを大きく変える類のものとなった。古典文法を教える場で何気なく「〈あり〉がなぜラ行四段でなくラ変なのかを証明せよ。」と問うてみた。さまざまな高校を終えて国立大学志望の彼らは、口をそろえて「ラ変と決まっているから」としか答えられなかった。また別の場で「なぜ上二段と言うのか」と問い、彼らの多くが「上から二段」と答えて譲らなかった。

この二つの出来事から私は次のことを教えられた。一つは、基礎文法における識別作業が実は定理に基づく証明作業であるという事実である。文法が暗記の海に十分浸って教えられている現実に、私自身もその役を演じつつ常に釈然としないものを感じ続けていたので、この問いとの出会いは眼からうろこが落ちた思いをしたものである。一つは文法学との関連である。文法が文章の法則である以上一つの原理の上に成立ち、それ故に科学であると思い込んでいた。だが国語教育は、大学作成の入試問題を含めて、文法というものを、原理の理解を必要とせずに文法的言語現象の理解でとどめて大方良しとしている。とすれば、文法学的原理にもとったとしても、独自のおぼえ方で「上二段」の活用現象が識別可能ならそれで良いのじゃないか、という認識であった。それは当然の帰結として、文法教科書一冊を別の体系・原理によって整理し直してみようという願いを私に生んだ。近代生物学における分類系統学の初歩を読んでみたのも、その願いの表われであった。

私は文法の世界を次のように組立て直して授業に臨むようになっている。人間がこの世に一人ならば社会は不要である。人間の生んだ言葉の世界も同じである。文章は言葉の生み出す小社会である。それは言葉が織りなす関係の表現であって、日本語はそのかかわりを三通りで組立てる。一は体言や接続詞・感動詞の類で一語で他とかかわる。二はその語自体が接続する語に応じて部分変化をする。用言や助動詞で、その変化を活用現象という。三は他語（助詞）を伴って他語とかかわる形で、体言同士あるいは主述構造はその論理化された現象である。二と三とが基礎文法としては難しく、二は「活用現象」の理解であり、三は文脈の読みとりの基本をなす、と。品詞の機能の統合的説明なども大野晋氏の語根説を利用して独自に語るが、ここでは「活用現象」について少し報告をしておこう。

文法が暗記であるいわれはない。しかし知識が量的世界である限り、その集合による区分整理を用いて記憶する部分があるのも当然である。問題は、なぜ暗記するのかである。どうおぼえるかについての理論的解説を、なぜか文法教科書の記述は一切省いてある。これでは生徒と言わず、教える者にとっても意義を欠くであろうし、科学でも学問でもなくデータに過ぎない。「活用現象」とは何かを模索している時に、遠山啓氏の一書『数学の学び方・教え方』の「数」の項で、子どもに「0《ゼロ》」を理解させるためには〈あったものがなくなったと考える〉という一行に出会い、これも一つの事件であった。言うまでもなくこの認識の過程は、形容詞ク活用の未

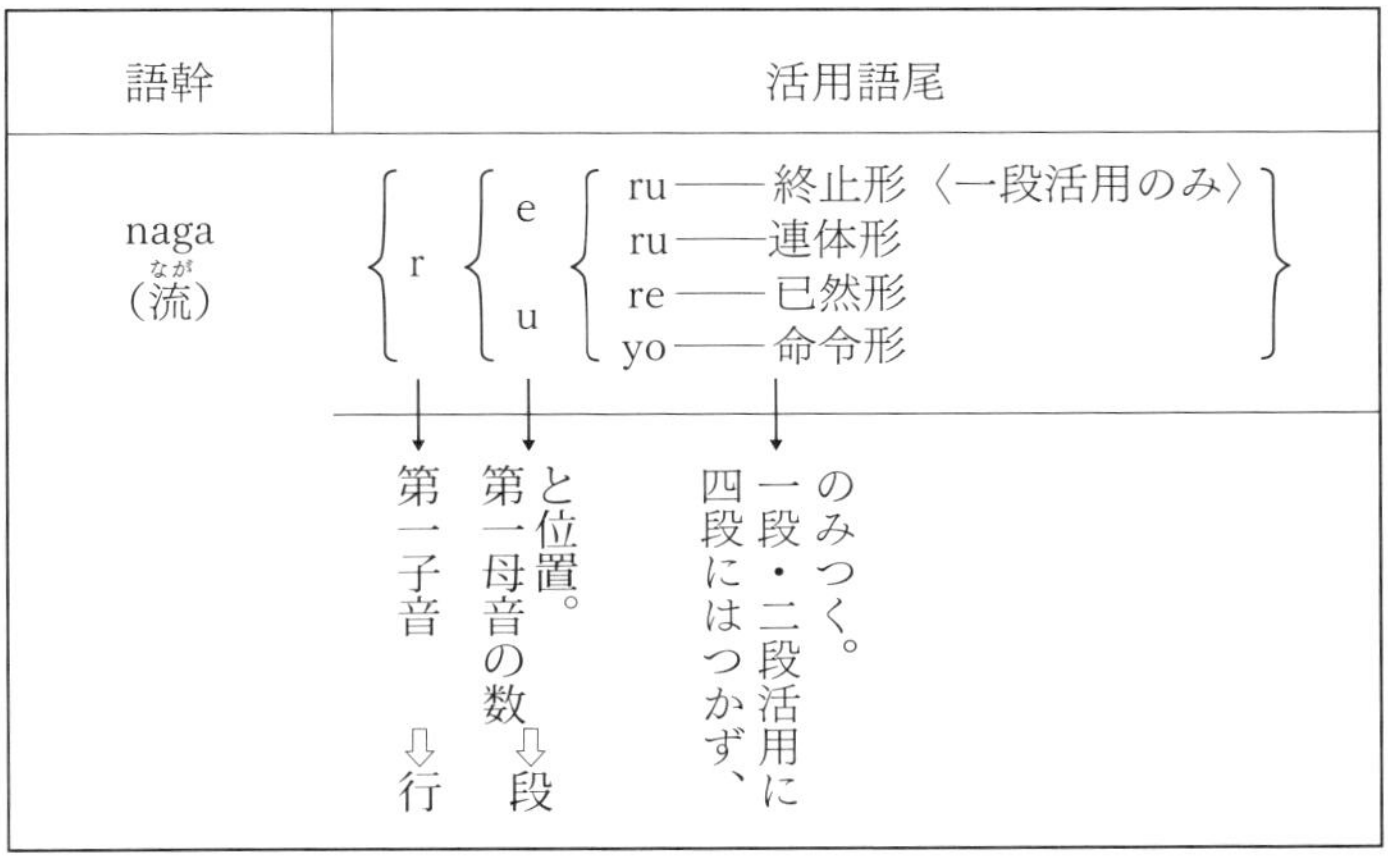

然形に打消しの助動詞「ず」をつける形とまったく等しいのである。この出会いは、「活用現象」が単なる語形変化に過ぎないと考えていた私の文法観を根底から変えた。それ以前（十五年も前になるか）にすでに私は、「活用表」を眺めてみて「カ行上一段動詞」が「k×i×6」という形の母音と子音の掛け算にすぎないことを知り、五十音図がまさにその言語現象を音韻上で整理したマトリックスであることに気づき、文語動詞正格五活用の公式原型として、表のようないわゆるシミュレーションを「工藤方式」と称して授業で用いていた。なぜ「下二段活用」を例としたかは、言うまでもなく助動詞の活用への応用型からの選択である。

遠山氏の諸稿に教えられ、大野氏の文法論に導かれつつ、「活用現象」が母音のドラマであることに気づいていったことは、ランボーや大手拓次、あるいは那珂太郎氏の詩作品にすでに親しみ、エルンスト・ユンガーの「母音頌」を読んでいた私のささやかなポエジーを揺するに十分であり、さらに角田忠信氏の『日本人の脳』によってそれは倍加された。したがって、日本語の「活用現象」を整理した「活用表」は、日本語の論理性を示す図型であると同時に、日本人の思考のパターン化された図式ともなるのではないかという思いにとらわれ、さまざまな発言を、古文の授業はもちろん、国語研究会を利用して教師集団にも語りかけ続けてきた。

私が「りるれの支配」を称して助動詞の「活用表」を読む仕事を書いたのも、十年ほど前のことになる。国語辞典でラ行の語は少ないのに、助動詞の活用表にラ行の〈り・る・れ〉が多いのはなぜかというのが、私の最初の疑問であった。理由は単純で、言葉はもの、や、こと、の存在の認識から発生する以上存在詞〈あり〉が主役であり、その確かめの〈あり〉を媒介にして多くの文脈が生じていったのであろうと考える。そうすると、六活用形のオーダーを型取るのが「ナ変」(「死ぬ」「往ぬ」)である以上、この活用表が物語るのは、「死に限どられた人間の生存の論理(関係の現象)構造図」となるのか、というのが、大仰で飛躍した私の読みとりであった。言葉は人間の生きざまの形象であるのかという感慨は、この「文法を読む」という試みを自分に課して以来途絶えることはなく、それは古文の読みの日常を十分に豊かにしてくれるものとなっている。

助動詞の活用表からは、まだまだ多くの現象を読みとることが出来る。過去・完了の助動詞がすべて連用形接続となる接続現象は、いったい日本人の時制にどのような認識が働いているのか。これは大野晋氏の「時」は「融く」かの説との関連とともに十分刺激的であり、さらには、六活用形中最少活用数三つの助動詞（「ず」を除き「む」「じ」などみな同じでいずれも推量）の活用形を所持する部分（終止・連体・已然）が、二段活用の「u母音」部分と一致する事実。あるいは助動詞に上二段活用型が全くなく下二段活用型が六語あり、そのうち五語が時枝文法の詞辞論とかかわること。打消しの助動詞「ず」のみ三つの活用系を所持する現象は、日本人がことを否定することに於て堪能であったのか貧しかったのかということ。この否定の問題は、たとえば『方丈記』冒頭でかつて高橋和夫氏の指摘した否定の論理構造とかかわる課題となる。こうした諸事項は、常に私の中で問いのままに渦まいていて、専門でない上に多忙さの中でくすぶりつづけている。おそらくとうに解決済みの問題も多いのであろうと恥じてはいるのだが、国語教育における文法教育論の中でこれらは不問の話題である。

「文法」というものを国語教育に位置づけてみる時、それは、古文を読む際に必要不可欠の知識とみなされ、しかも確固とした法則として君臨しているかのようである。だがしかし、形容詞の活用表は終止形を欠くものも含めて今日九種類あり、回想の助動詞「き」や形容詞の活用表にみられる活用原理に合致しない「し」と「き」との関係は、今日の活用現象認識が不完全な仮説であろうことの証明でもある。「る・らる」などの助動詞における橋本・時枝二文法観の相違など、十分にまだまだ未成熟な状態を内包しているのが、文法学の現状である。ここで十分に確認しておく必要があるのは、文法教育は文法学の理解を目標とするものでは決してないということである。文法を知らなくても古文は読めるという考えはまことに暴論としても、理由なく暗記させられる文法や、単なる識別が問われる大学入試の問題レベルで文法と称する言葉の世界が問われるのも、ほとんど国語教育とは無縁であろう。高校国語教育が担う文法教育は、一つは「文法」が、言葉の示す実に豊かな論理の道筋、認識や思想、さらには当然のことながら感性や感情の細やかな襞々まで、見事に示しているマトリックスの世界であるとすることの理解であろう。一つは、日本人として日本語を、古語も含め親しむための訓練としてであろう。言葉としての文法――、常にそう自分に言いきかせ続けている。そのためには、なぜを問い、どう理解したらよいかを、正確に一つ一つ道筋を極めて丹念に教えることであろう。文法の授業を、私はそういう一つの言語教育の鍛錬の場と考えて実践しているつもりである。私の文法教育観がとらえている文法は、文法学の厳密さをまったく欠くかもしれない。しかし、文法教育は文法学の恩恵こそこうむれ、決してその塗り絵になるべきものではない。

なぜ文法は生徒にとって難しいのか。それはたとえば初めに書いた「〈あり〉がなぜラ行四段ではなくラ変なのか」という問いを、正確に答えることで示しておこう。これは十分に手順の必要な証明作業であって、暗記レベルの学習内容ではない。数式化の可能な世界である。（左頁上表参照）

私は今日の文法教育を否定するものではない。私の言うのは、なぜ文法を教えているのかの問いを持とうというのである。おそらく今日の高校教育が担っているすべての学科の中で科学

1	〈あり〉は、自立語で、しかも活用し、語尾が〈し〉でも〈なり〉〈たり〉でも終止しないから「動詞」である。
2	活用は、「ズ・タリ・。（マル）・トキ・ドモ・ヨ」をつけると、次のオーダーで語形変化する。ara,ari,ari,aru,are,are
3	日本語は子音で始まり母音で終る言語だから、この活用現象は、次のように括られる。a {ra, ri, ri, ru, re, re}
4	活用語尾の第一子音で何行かを決める定理から、この活用は活用語尾の最初が「r」で括られているので「ラ行」である。
5	動詞の活用の種類は、活用語尾の第一母音の、数と位置で決めるという定理から、この活用は「a,i,u,e」と活用する「四段活用」である。
6	しかし「四段活用」は終止形が「u段」で終る原則になっているのに、この活用は「i段」である。したがって動詞の「正格活用」とは認められず「変格活用」である。
7	以上の理由で、動詞〈あり〉は、「ラ行変格活用」である。

の方法論を実践的に身につけるに適しているのは、この文法教育の分野だけであろう。文法教育が今日行なっている作業は、まさに言語による識別の論理的訓練であり、言語による証明の方法の訓練である。訓練をしつつ、そこで得た言語の知識によって言葉の世界を豊かにする方策が、日々授業で行なわれている。私はそう考えているのである。

知識は体系をもつ。知識を読むとは、その体系を言葉で論理的に理解する作業のことである。しかも体系は体系を生む。組み変えは決して体系の破壊とはならぬであろう。できるならば、私の文法教育の実践を、そうした科学的認識の初歩的な合意の中で育てていきたいと願っている。そのためにもう一つの提案をしておきたいのである。それは、文法教育が国語教育の一分野でありながら、なぜか識別作業に終っていて「言葉」を欠いている事実を思うからである。「花白し。」の〈白し〉が、なぜク活用でシク活用の形容詞ではないのか。あるいはどうして終止形なのか、その理由説明を、文章で書かせるようにしないか、という提案である。それ以前にこの識別が不可欠の作業価値かどうかを、国語教育はどこかで科学的に証明する必要があると思うのであるが、ともかく、識別が先に「ラ変」の証明法で示したような、十分に論理的な思考過程を踏まえたものであるなら、文章化する力を得ることではじめて国語力となる、と私は考えているのである。この提案は一昨年の秋の北大国文学会ですでに発表してある。

「国語」の中の「言葉」について

教育は言葉による説得の科学であると言い続けてきた。一つの文学作品についての読み方を語る私の言葉は、目の前の生徒たちに納得を与えるだけではなく、私自身にも十分な納得のゆく言葉で語られていなくてはならない。そしてまた、生徒たちの納得が、語る私に対する明解なリアクションとなる時、私自身の読みの言葉もまた新しい言葉を生んでゆく。そうありたいと願う。しかしそうなりえぬ条件は多い。一つは生徒にとって教師が権力機構の象徴であるという学校空間の制度の問題がある。また、教師という職業が、他人を評価することを日常とする階級的習性を完璧に人間観として備えもっているという事実である。最近の文部行政がそれを見事に証明してくれる。俗物の私にそこからの脱出は望むべくもない。幸いに「教えるということ」が方法の世界である。その手順の中で少しでも教師・生徒双方の階級差的な対自感覚を消し去ることが出来ればというのが、国語教師としての一つの努力目標である。

　したたかに思い知ることの一つは、生徒集団というのは教師にとって、実に御し難く度し難い権力集団だということである。「評価」特権だけがいまは教師集団の存在証明となっているかの感じもあろう。最近の非行や校内暴力の激しさから、国語教育の研究会が生活指導一色化し、国語科教育の本質が薄れつつあるのも現状である。そうした時点に国語科教育論が相も変わらず文化論ですまされたり、書字力や文法における区分概論の操作、さらには作家論研究のレベルなどで論じ合われたりしていてはどうにもならないのである。国語教師も教師集団の一員であることの自覚があれば、挨拶の一つ、案内状の一枚、それを語ることも書くことも国語教師であることで言葉を問うことであろう。思いつきではなくそれを方法化してみることであろう。私はささやかに、まず国語教室の中の教師、私自身の言葉から解いてゆこうと考えている。

　私はここで二つのことを語っておきたいと思う。一つは文学作品を語る言葉の問題であり、もう一つは文章を媒介とする教師と生徒相互の言葉の問題である。この二つは自らに課しはしたが到底解決のつかない無限の作業目標と思ってもいる。大方の御批判をいただきたいところである。

文学教育が教師論を欠いているとは、すでに書いた。詩歌にしろ評論にしろ、また古典がすべて文学作品である以上、「教えるということ」は当然ながら一人の良き読者でありたい願いを中核とする。私自身がおもしろく読めなくては、職業人としては失格である。それはほとんど生徒の問題ではない。一人が書斎で読むことを私は職業とはしていないという反省を、終始言いきかせて三十年になる。そのために私は、さまざまな語りかけの方法を実験してきた。実験などではなく、その時々の最良の方法を思いつきでも人真似でも良いから実行してゆくということでしかなかった。その具体化がプリント作成であった。日常が生み出す授業プリントの山の中に私は坐しているのである。プリントを作ること――、それは多く「書くこと」であり、時にコピーの合成など、他者の言葉を借りて「書くこと」であった。

詩歌を例にとろう。詩を教える時、私は、その日の朝の三十分を利用して一枚の紙の範囲内で鑑賞文を書く。そのプリントを利用し、その文章を私もまた他者の眼でともに読みながら詩を読む。朝早くの鑑賞の眼が、午後の私という他者の眼に誤読と見えて批判の対象となるのもしばしばである。あくまでも今日の感覚で語ろう、目前の人間の眼で読み合おうと、私は努めている。

十七年間の教科書編集実務の中で、私は短歌単元を担当し、その教師用指導書を書き続けた。そこでの経験が私に大きな課題を与えてくれた。四十八年度改定の「現代国語」教科書の指導書を書くに当たって、すべての教授資料や評釈がとっていた「語釈」と「大意」の項目を廃止し、一首の歌を、読む視線のままに書く鑑賞文の形で私は書いた。私の希望で初めて教材化された寺山修司の「マッチ擦るつかのま海に霧ふかし身捨つるほどの祖国はありや」を例にとる。

　煙草を吸おうとして〈マッチ〉を〈擦る〉。一瞬の光尖が映し出す眼前の海景。霧は一面に〈海〉をおおい尽くしている。その指先に眼を集中していた〈つかのま〉の、北の海の激変の様相がまず目に映り、その海霧の中に燃えさしの〈マッチ〉を掌に立ちつくす作者の姿も想像できよう。一語一語が流れ出さずに訥々として押さえられて三句で切れる。歌はここで一気に、上の句となんの関連もなく下の句の感慨になだれこんでゆく。生命を賭すべき〈祖国〉は〈ありや〉――アルノカ！　かつての世代は〈身〉を捨てても惜しまぬ〈祖国〉があった。敗戦によって潰えたものは、単に〈身捨つる〉ことであったのではない。〈祖国〉さえも見失ってしまっている自分に、作者は気づくのである。その、ハッとして気づく重大な事実を、〈マッチ〉を〈擦る〉という〈つかのま〉の瞬間の変移に巧みに結びつけてゆくところに、この歌の非凡さはある。はかなく消える〈マッチ〉の火。そうしておおい尽くす海霧。戦後の価値の逆転期に自我の目ざめをちょうど経験してしまった者の、共通にいだいた無力感が、激しく情感的に歌われている。（三省堂「現代国語・教授用資料」より）

だが利用者からは「大意」の要求が強くあった。特に三年用の斎藤史の歌については、何度も個人的に〔大意〕を書いて送る羽目になり（書く度に変化したが）、遂に後の「四分の一改定」時に編集部の要請で〔歌意〕をすべての短歌につけることとした。書く前は気のりのしない仕事であったが、それは愚かな思いすごしでしかなかった。歌一首の、リズムやテーマやスタイルに応じて歌意を書く作業は、十分新しい創作活動の厳密さが要求されて、おもしろくもあったが疲れる仕事であった。言葉は言葉で語れるかという問いを当然持ちつつ、そこに読みを同時作業とする書く言葉の世界の重みを体験した。札幌南高校で教師になりたての頃、先輩の山根対助氏に教えられて新古今集の歌を一首ずつ現代詩風に翻案してプリント化したことがある。近年の大岡信氏の仕事と同じものである。斎藤史の「遠い春湖に沈みしみづからに祭の笛を吹いて逢ひにゆく」の〔歌意〕を、こう書いている。

遠い春の季節、過ぎ去った私の青春、とふと思う。青春の純な魂のままの私を、私はかつての日に湖底にそっと沈めてきたのだった。年月を経た今、私は、かつての日のあの純な私に、思い出の中の祭の笛のように笛を吹いて逢いにゆこうと思うのだ。

いっこうにリズムの無い言葉で、いま読むと虚しいのだが、言葉を言葉で言い変えることに、一つの富の奪還を思うのは自然であろう。この作業は私に、古文の口語訳にしろ評論文の説明にしろ、国語教師がみな、教材の文章を自分の文章に置きかえていることの意義について考えさせる契機となった。

私が学生の時から所属してきた日本文学協会の研究会などで詩が話題になる時に、必ず問われるのが詩の言葉と散文の言語との相違である。もし明らかに異なる位相の言語同士ならば、授業にしろ読書にしろ、散文の言語によって詩の言語を読むことは不可能ではないのか、詩を授業で語り合う時、その国語教室の言語は十分に詩的言語でなければならないのではないか。実務者である私は、詩的言語とは何かを問う代わりに、日々の国語教室の中で文章で読む営みの中に、その課題を投げこんできた。プリントを用いた授業で、そしてテストで知る生徒たち自らの文章で。それはほぼ、一篇の散文詩を書くに等しい労働であり、創作活動が授業そのものとなる。五十分の時間的空間を一枚の原稿用紙に見立てて授業の創造に努めていたのは、もう十五年も前のことであろうか。その上で私は、一つの作品について語る国語教室での言葉は、生徒個々の読みの言語を超え、教師個の内的読みの言語を超えて、共有しうる公的でフラットな言語として機能するものでなければならないのではないか、という問いをもつように現在なっている。詩の読み方の上で、「公的感性」という用語で他に書いてきたこともその表われである。実例を示しうるスペースがなく残念だが、私はそれを、スポーツ少年で明け暮れた自分に合わせて、「マラソン伴走者の倫理的作業」と読んでいる。実際は一向に個のつぶやきにしかならないのであるが。

評価の営み

もう一つの課題はさらに大きい。五十分を創作空間にと考えていた時期から、この二、三年は、一教材を読むプロセスを一つの仕事としてセットしようと実行し始めている。それは、先に書いた古文の「テキスト・プリント」から始めて、古文も現代文も「課題ノート」を作り、授業をし、その授業のすべてを「授業プリント」の形で文章化し、そこで「ペーパー・テスト」を応用問題なしで作成し、テストの結果は、生徒の正解をできるだけ利用して「正解プリント」とし、さらに「テスト」の総評とともに一問一問の作成意図とその結果をていねいに書いて、「評価」をする。私はこれを「仕事」の総体とし、その全体を何回か活字化し、またプリントのまま公けにしてきた。私自身でも厖大なエネルギーを必要とし、そのすべてを満足にはし終えていないが、可能な範囲で作業を実務として課してきた。それは、プリントの全貌を見ていただくほかはないのであるが、ここでは、この仕事に課した、また結果として生み出された国語教育的課題の中から、最も深い関心を寄せてきた問題を書いておこう。それは「評価」の問題である。

教育が制度であり、評価もまた国家的制度として今日不動の管理社会をそれによって維持してきていることは、ことの善悪は抜きにして自明の事実である。作文評価は不可能だとかつて世に問い続けてきた知識人諸氏は、今日の大学小論文テスト全盛期にどのように考えているのかなどと思う。だがせめて国語教室の中の「国語」の中で、納得のゆく力量としての文章力を、たとえ対幻想にしか過ぎないものであっても、確かな認識とし生きる力としてゆく契機とする方法はないか。私はそう考えてきた。国語力が書く力であり、しかも、十分に理解していると知っている事柄がなお、書くという、特定の他者に対するTPOのメッセージの文章とすることにおいて困難であると知る、その体験だけでもしたたかに生徒各自のものとしてほしいと願うのである。国語力は、知らないことを知る力ではない。まして本を読む力でもない。それらを当然含みはする。それは量ではなく、言葉を用いて知ってゆくプロセスが力となり、しかもその知識を、言葉によって他者化して表現する力、他者に向かって開かれてゆく言葉の力が、真の国語力であることを、書けずに苦しんできた私は、自らの体験で十分に知った。もちろんここでいう書く力は、大学人の「紀要」レベルの閉鎖言語を、文章の理想などとはしていない。「読むということ」は、視力も聴力も、そして鉛筆で線を引く肉体的な筆力も含めた、総合的な人間の労働なのである。働きならばどんな些細なことにも手順はあり労力が必要であろう。活字を読むなどという営みが、誰人にも求められているとは思えないが、求めて高校に来た生徒には十分仕事をしてもらおうというのが、職業人である私の日常なのである。教えずにテストするなどということは到底考えられないのが原則である。テストの結果は当然、教え方の価値として問われることとなる。テスト問題はしたがって、職業人としての教師の「読み」の眼の力量を示すものである。授業で読み、テストで読み、そして書き記すことで、一人一人の生徒の生きる力としたい。

テストは従って、一人の教師の生徒個々へのメッセージであり、答案は生徒個々からの教師一人へのメッセージでもある。私はそう考え続けてきた。そしてその生徒のメッセージの中からすぐれて立派である文章を正解としてプリント化することで、生徒たち一人一人に対する、教師も生徒も含めた共有の言葉としうる国語力の見本としようというのが、私の「正解」プリント作業である。生徒個々にとって、そのすぐれた文章との出会いは、自他の比較を容易にし、自分の力はそこで十分納得されよう。その時「評価」は本来不要なのではないか。説得と納得との相関の中で、答案の中の言葉は、教師と生徒との個々の言葉を超えて一つの共有の言葉の力を持つこととはならないのか。それにいま、はてしなき労力が私には要る。しかし労力である限り省力化はできるのではないか。印刷機やＶＴＲなどの有効な利用は、工夫すればもう少し楽になろう。いまはただ、おのれの能力の無さを嘆くのみである。

学校教育の中で、テストは日常である。ならば、テストも日常の言葉の中の営みと化すことはできないものか。たとえ制度としてそれが人間評価の悪手となって機能するものであっても、人間個々の言葉はともに個の世界に還元し生きてゆくものなのではないか。評価権を手にしている者の感傷なのかもしれぬと思いつつ、こうした仕事をみつめ直している。この課題も、一昨秋の北大国文学会で報告し、多くの共感を得たが、まだ、この時点から一歩も進んでいないことを恥ずかしく思う。

学校空間のこと

編集部からこのエッセーを依頼された時、私は、シモーヌ・ヴェーユ論と遠山啓追悼文ぐらいでしか教育を語っていない吉本隆明氏のことから書こうかと考えていた。しかし氏が「教育の森」九月号で対談し詳細に語っているのを直後に読んで、書くのをやめた。それは共感することがあまりに多いからである。私はこの稿で、できるだけ「国語」を、「国語教育の中の『国語』」と位置づけてきた。しかし現在の私は、何よりも「学校」を問いたいのである。あるいは「知識」を問い「教養」を問いたいのである。教科教育の中の「国語」は、行政が特定のイデオロギーで決めた知識分野でしかないと考え、高校教育全体のカリキュラム構造の検討と創造に日常を賭けてきたのが、この二十年間の私の正直な姿である。「学校空間」と言い、「生活空間」としきりに書いてきたのもそのためである。

私はこの稿を、生徒の視点をほぼ無視して書いてきた。なぜならば、一人の生徒の生活空間としての「学校」の中で、一体「国語」を重視するのはどんな理があるのか、と思うからである。民主的国語教育や文学教育が戦後どれだけ叫ばれ真剣に実践されてきたか。私もささやかにその一人のつもりである。しかし、その結果としての今日の三十代四十代世代はどうであろう。反省よりもむしろ、彼らと語らいつつ、創造の視点で現実を直視してゆかねばならぬ時であろう。教育は常に結果で論じられ評価される。〈民主〉も〈文学教育〉もそれを目標としていたに違いない。私はまず一人の教師として教育に夢を持ち、一人の職業人として生きる術を見出したいと願ってきた。それは同時に一人の生徒の生活の中の「教育」の総体を知ろうとしてきたことでもある。「国語」だけが教育であるどころか、「国語」は彼らの学校生活のほんの一部でしかないことを知らされ、それならば、「文法」一つ教えることと「数学」とがどうかかわるかを考えるべきだろうと考えて、少しずつ歩んできた。かつて世に問うた「成城カリキュラム」創造の担い手の一人としての人生を、いま重い仕事としてふりかえる。吉本氏の言うように、「学校」は幻想であり「教育」は制度である。制度ならばどうシステマティックに「学校」も機能するか。所詮幻想であるからこそ、「国語教育」も、もう一つ科学とかかわる必要があろうというのが、今日の私の感慨である。ここでも内田義彦氏のこんな言葉を引用しておきたい。一人の国語教師のできることがそこにあると思うからである。

学問を、われわれの手に取戻し、われわれ一人一人が深く社会を、自分自身を含めて、見てゆく眼を養ううえに役立てること。

（『社会認識の歩み』）

〈学校〉としての〈高校〉の構造図

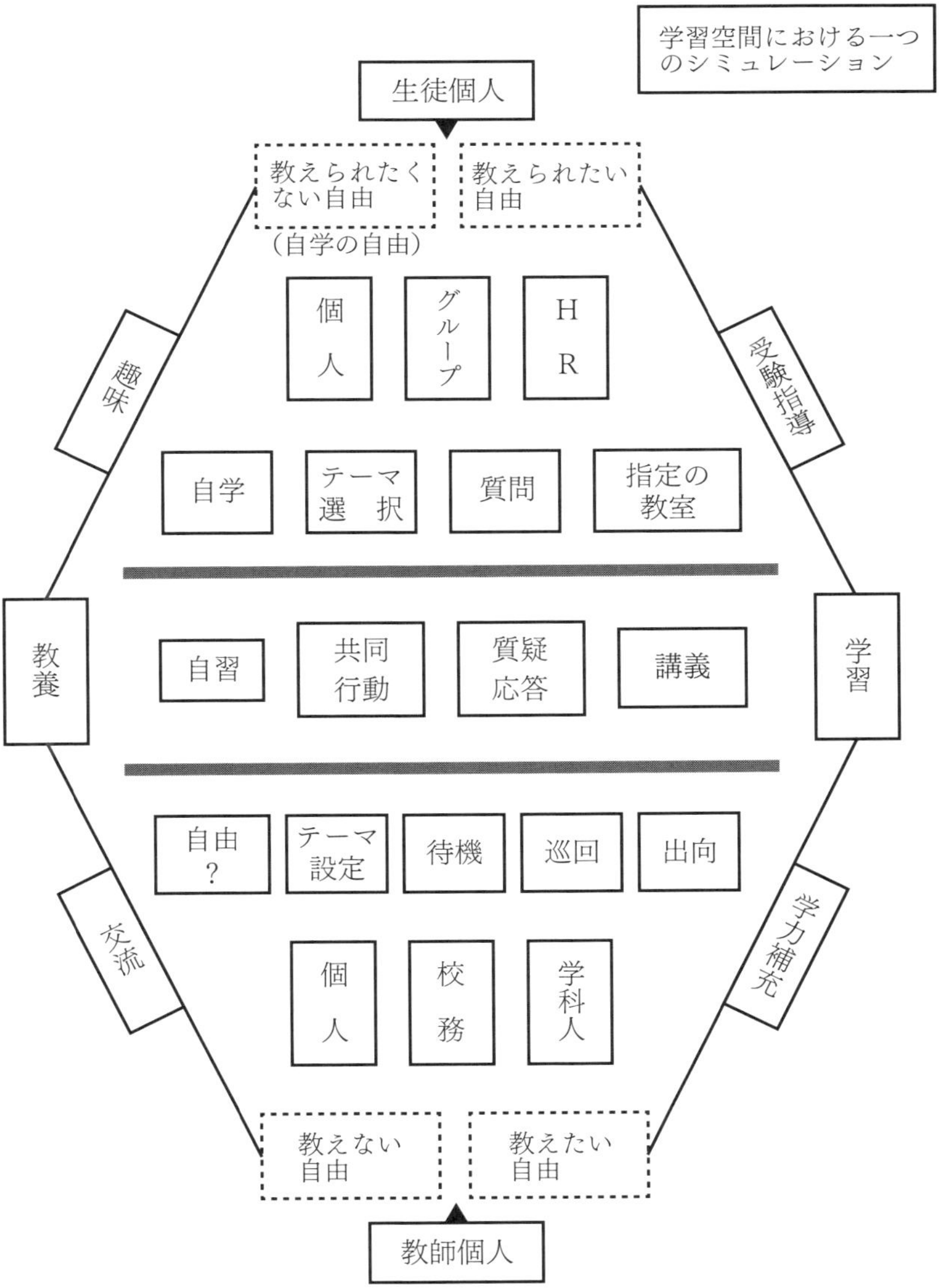

アメリカン・フットボール方式による図式化
（1986.10）

国語の力について　――感覚は教えられる

作家の大江健三郎さんが書いていた少年時の思い出話は、強く印象に残っている。彼は愛媛《えひめ》の山中で生まれ育ち海を見たことが無かった。小学校五年か六年の時に修学旅行で初めて海を見たという。海を見て帰って以来、今まで平凡で退屈だった周囲の樹々の風景が一気に変わったという。海面がつねにさざめいて光とともに微細に変容していることに驚いた眼は、身近かな樹葉が一瞬たりともとどまらずさまざまな表情で自分に語りかけてくることに気づいたと言う。感じるという人間の行為は、そういう変換装置として肉体が機能するということ。その装置が働いて感動がキャンバスに形象化するか、五線譜上のおたまじゃくしとなるか、あるいは原稿用紙に文字となるか。それを私は感性の関数と呼んできた。感じるだけでは感性と言わない。新しい年度が明ける。新しい人たち、新しい生活空間、何よりも新しい言葉との出会い。邂逅とは発見である。しかも出来るならば、自分の発見でありたい。海を知らない人は居まい。しかしひとたび海とは何かを問われる時、私たちは中原中也のように、海は浪ばかりになってしまう。浪は海の表情でこそあれ、海そのものではない。フランスの詩人シュペルヴィエルはこう言う。人間が海を海と思って見ない限り、それは海ではなくただの水たまりだと。――海は言葉なのだろうか。じゃ、言葉とは何だろう。六十歳を超えてまだ私に答はない。

「国語」の力とは書く力のことである。日本語という文字を言葉として記すことのできる力である。感じたり思ったり考えたりすることは「国語」ではない。すべてが言葉として書かれない限り「国語」にはならない。語るだけでは言葉は風とともに消える。まして君たちが要求される受験国語は、たとえそれが記号であっても、形あるものとして表記されなければ力とは認められない。国語力とは腕の力だと言い続けた理由である。ペンを持つアームの柔軟性や敏捷性こそ要請されている国語力である。文章を読むという行為――、他者の記した文字を自らの眼によってしっかりと言葉化しつつ、最後は内なる言葉を文字化して正確に表記する力。そういう全身をつかった肉体運動こそが、国語を学ぶという、平凡だからこそ難かしい仕事なのである。「本を読めば国語」などという単純な営みでは決してない。しかも「国語」、まして「受験国語」は日本語のすべてではない。詩や小説が読めたり書けたりすることは、この意味での国語力にならない。「学校」という偏った生活空間としての制度が表示する「国語」や「大学受験」という名の異常なほど特殊な中での「国語」は、偏頗《へんぱ》であるだけ独特な固定化した姿形をしている。文章はほとんどが批評を内在した説明文であり、書かせられるのもまったく同じ。想像の自由などはほとんど認められない。対象や要求の枠内での正確な説明が求められている。時間と条件を与えられての、その場の端的で要領のよい説明の言葉の体得。それが、君たちに求められている「国語力」である。是非の問題ではない。

日本語のすべてが国語でなく、まして受験国語ではないように、随想や評論のすべてが問題文ではない。問題作成者が一つの文章を問題文として見た時に、初めてその文章が問題文となり、受験国語の世界の文章となる。「国語」と「受験国語」とのもう一つの相違点は、設問の有無である。「受験国語」とは、問いのある文章のことでもある。「問い」には「問い方」である。その問い方にふさわしい文章が「問題文」となる。その問題文をどう読むかという訓練も学習だけれども、一つの文章を問題文として読む視力の育成こそが、私は大事だと思ってきた。問題文にふさわしい文章を選び取り、その文章に傍線を引いてみる訓練。早稲田大学の一文ならこの箇所に、東大ならこの文章のここにという眼差しの獲得。絵描き、一人の画家が、見馴れた眺めの中から一枚の風景画を見事に切り取ってみせてくれるように、書店のたくさんの本たちの中から、ひとつの分量を問題文として摘出してみせる眼差し。これもまた修練の要る、キャリアの要る仕事である。それ故にこそ、受験国語の問い方「書く・選ぶ・埋める」この三つの眼で、一冊の書物を書棚から抜きとって掌の上に載せる眼力《がんりき》を育てたい。そして、そこに要求される、要点をすばやく読みとる視力の訓練や、比較に基づく識別力の練磨や、自らの答えを正解とする証明力の養成を、君たちとともに学びたいと思う。

「文庫」をすすめて──「受験国語」の文章に向かうために──（一九九四年四月五日）

たまたま掌元にある「文庫」に限った範囲の、本のすすめを書いておこう。ひとつの参考。私の好みでしかすすめられないが、古い文庫だけれど、いつも次の一冊をまず挙げてきた。

渡辺一夫『人間模索』（講談社学術文庫）

京大はじめ、今でも時々問題文となるが、何よりも〈人間とは何か〉を厳しくしかもあたたかくみつめている本だと思う。〈揺れ動く人間〉から語られる「第一章」をぜひじっくり読んでほしいが、後半の〈不幸・幸福・教養・狂気・救い・死刑・宿命・自由〉といった各考察は、人生の豊かな糧を与えてくれる。これに合わせて、なだいなだ著『人間、この非人間的なもの』（ちくま文庫）の一読をすすめたい。と同時に、同じ「ちくま文庫」から、高史明著『いのちの優しさ』を挙げておく。〈やさしさ〉なる言葉がエゴイスティックな意味でしか用いられていない現実を正したい思いが私にはある。

柳田邦男『事実の読み方』（新潮文庫）

この溢れる情報の世の中で何が事実かを知る知恵こそ必要である。事件や事故とどう付き合うか。素直な気持ちでこの本と付き合ってみたまえ。スピーディーな科学の発達とともに、モノの見方も変化する。養老孟司著『ヒトの見方』（ちくま文庫）は否応なく科学の世界に私たちを導いてくれる。人間に限らず、私たちはどう自然と付き合い、また言葉の世界で言葉とかかわって生きているか。高田宏著『言葉の影法師』（ちくま文庫）が、〈雪・木・猫・坂〉などについて静かにゆったりと語ってくれている。その上で私は、同じ文庫から外山《とやま》滋比古著『思考の整理学』を読むことをすすめたい。精神の働きとしての言葉の世界が、方法的に巧みに楽しく解読されている。

加藤秀俊「『東京』の社会学」（ＰＨＰ文庫）
最近の文化や文明を論じた文章は、〈都市〉を話題にした社会学の視点で記されたものが多い。日本の社会の問題のすべてが、一極集中化している〈東京〉に現象しているようである。社会をどう読むかも含めて、明快な加藤さんの本からすすめてみよう。社会は人間の集団。とすれば、山崎正和著『柔らかい個人主義の誕生――消費社会の美学』（中公文庫）はぜひ読みたまえ。そして都市の住まいの視点から記された芦原義信著『隠れた秩序―二十一世紀の都市に向って―』や、また、人や建物をつつみこむ深く重い地球の視点からの文明論、立花隆著『エコロジー的思考のすすめ――思考の技術』（中公文庫）が教えられる。他民族との比較社会学的視点からは、真木悠介著『気流の鳴る音』（ちくま文庫）があるし、都市文明の明日を考えるためには、粉川《こがわ》哲夫著『ニューヨーク街路劇場』（ちくま学芸文庫）が楽しく、しかし多くの課題を与えられる。そして終わりに、現代が企業経済の社会である事実に即して、かなり難しい内容だけれども佐伯啓思著『隠された思考—市場経済のメタフィジックス—』（ちくま学芸文庫）を読むことをすすめておこう。市場経済の課題を〈大衆・遊び・貨幣・計画・自由・方法〉といった切り口によって論じた力作である。国立大を受験しようと心する諸君は、この程度の本は読みこなせるようにしてほしい。

竹田青嗣『自分を知るための哲学入門』（ちくま文芸文庫）

バブルがはじけ、ポストモダン、脱工業化社会後の二十一世紀は心の時代だと言われている。私は宗教については知らない。課題は哲学だろう。すべからく改めて自分の言葉で自分の日常の本質を問うことではないか。君たちは、情報という名の他者にがんじがらめになっているのではないか。やさしさという名の相対主義の波に揺られているだけで、自分に会えるというのか。少しおどしておこう。自らを問う。問うた人々の魂の歴史を問う。必要な気がする。その意味で過去の人の本ではあるが、詩人の萩原朔太郎著『虚妄の正義』（講談社文芸文庫）を読んでみてはどうだろう。今日の若者たちの中に在ると、時々、ニヒリストがなつかしくなる。そして、大学で学問を学ぼうと思っている諸君には、樺山紘一著『西洋学事始』（中公文庫）をすすめておこう。今まで学校で学んできたことがらが、急に頭の中で騒ぎ出すだろうと思う。終わりに、私にとって春になると掌にとる一冊を紹介する。吉本隆明著『吉本隆明歳時記』（廣済堂文庫）。季節とともに生きている日本人としての自分を見るから。

言葉で読む人

いまでも時々、登戸のホームに佇つ時、ばったり伊藤さんと出会った時のことを思い出すことがある。出会うと伊藤さんは立ちどまり、すーっと重心がうしろに下がり、両手が自然に楽になる姿勢で、黒目を見開いてから目をしばたたいて、口もとがほころぶと、「やあー」と言う。こちらもつられて心が柔らぐ。受容の人——そんな思いが甦える。

伊藤博之さんのことと言えば、『徒然草入門』（有斐閣新書、一九七八年）である。刊行の翌年、二年生全員にテキストとして持たせ、一年間『徒然草』を教えた。それから何度、伊藤さんのこの本からのコピーを生徒に配って、授業の助けとさせてもらったことか。いま改めて読み返しながら、成城の高校生たちには難しかったろうなあと思いもするが、古典の読み方をこの一書を通して学んだ者は、多く居ただろうという思いも持つ。

私が親しんだのは、もちろん『徒然草』の読み方を教えられたからであるが、それだけではない。書く人としての伊藤さんの、書くことを意識しながら読む、独特の読みの手順の中に、及ぶことではないが私と同質の手だての意識が読みとられ、すんなりと、しかも感動を覚えながら勉強させてもらった思いがある。学校屋も国語教師という職人の仕事もやめて八年になり、古典に親しむ心境にも至らない粗末な私だから、何ほどのことにもならないけれど、伊藤さんを偲びながら、一文をしたためてみようと思う。

私が好きな段に、四十四段がある。〈あやしの竹の編戸のうちより、いと若き男の、月影に色あひさだかならねど、つややかなる狩衣に、濃き指貫、いと故づきたるさまにて、ささやかなる童ひとりを具して、遥かなる田の中の細道を、稲葉の露にそぼちつつ分け行くほど、笛をえならず吹きすさびたる、あはれと聞き知るべき人もあらじと思ふに、行かん方知らまほしくて、見送りつつ行けば……〉こうして書き写していると、芥川の小品「舞踏会」の中のピエール・ロチが闇夜に花火の糸の行方を追う描写を例に教えた時のことや、関係も無いのにアリエスの『子供の誕生』を持ち出して、〈少年貴族〉の私の中の発見を語ったりした時のことが思い出される。

京郊外の痛ましいばかりに透明な孤影の行方を、好奇心そのものの兼好の鋭敏な眼差しが追うムービーな抽出は、〈都の空よりは雲の往来もはやき心地して、月の晴れ曇ることさだめがたし〉と結ぶ、動乱の未来への暗示の見事さと照応して、時々の私の心証に、深い語りかけをもたらす一段で、何度教材化して教えてきたろうか。

『入門』の中で伊藤さんは、こう書き出している。〈この段は言葉による〝月光の曲〟と言える〉と。さらに、〈その「細道」は王朝の美意識の幻境へとたどり入る想像力の通路なのである。王朝の美意識にみずみずしい感受性を養った青春の夢想が、書く行為に伴って脳裡によみがえってくることの楽しみを、さらに言葉に凝集する時、このような文章がもたらされたと思われる〉とも。結びはこうである。〈いずれにせよ、前段と本段は「世づかず、めでたき」（二十三段）反世俗の美的ユートピアを形象化した一段と言えるのではなかろうか〉と。兼好の文章も見事ならば、この伊藤さんの、感性と言葉との形象の正確さも、何と見事なことだろう。言葉が言葉と出会って紡ぐ時の美しさ、官能的とさえ思ったものである。その感はいまも変わらない。

伊藤さんは批評家たらんとしてこの一書をものしたのではないと思う。伊藤さんは決して断言をしてはいない。十二段の友情論のところでは、伊藤さんはこう書き出している。〈日本人の精神史で平等な横の人間関係を自覚して求めるようになるのは、数奇者同士の雅交か遁世者の交友においてではなかろうか〉と。語りかけられることで同じ視線に立てると同時に、ああなるほどと首肯させられる。教えられるというより、共に考えさせられる思いになる。こうした問いかけが随所にあるのも、この一冊の特色であったと思っている。このことは〈はしがき〉で、伊藤さん自身、次のように書いている。〈本書は、啓蒙のための解説を意図したものでもなければ、筆者の私論を読者に披露するためのものではなく、現代を生きる私たちの直接的な心の糧として『徒然草』が何を語りかけているかを考えようとしたものである〉

伊藤さんの解釈を書いているのではない。兼好が語りかけていることを自らのこととして受けとめ、それをいったん内なる自己に溜めてから、読者の心に伊藤さん自身の生きた言葉で語り直す、そこが他に類を見ない〈入門〉になっているし、私の職とした高校で古典を教えるという作業の手順とまったく等しいものを、私がそこに見たと言えばよかろうか。ただ、私は教室で語りかける言葉に練り直す作業であったのに、伊藤さんは、書く言葉への形象性に磨きをかけた結果であったのではなかろうか。そのお蔭で私は、兼好の言葉を伊藤さんの言葉の道筋を通して、もう一度読み直すことが出来た。

たとえば私は、こんな伊藤さんの言葉の前で何度佇んだことだろう。二十五段で、〈「見ぬいにしへ」を見るということは、知的に過去に復元構想することではなく、「今」の現実を過去から遠望することであった。そうした遠望を試みるためには、「虚」の視点に立たなくてはならない〉と。三十八段の中では、〈兼好にとって現実離脱者となることは、山中に隠栖することでなく、現実の制度の外に観念の拠点をかまえて、そこから制度化された現実をとらえなおす視点を獲得することであった。そうした拠点は、言葉の存在領域に確保するほかない〉と。

いまこうして書き写していると、私は伊藤さんから、古典を読む言葉の紡ぎ方を教えられていたことに気付く。こう読んだことをこう書けば文章になるという、言葉の形を、その論の筋道とともに手にとるようにして噛みくだいてくれていたということも、改めて思っている。私が最初に、〈書くことを意識しながら……〉と書いたのはそのことである。そしてこう書きながら、伊藤さんが吉本隆明の『共同幻想論』を引用しながら、〈いったん、受容した光景を内的にもう一度視る〉行為のこと、つまり〈既視の感覚〉のことを書いていることを思い出している。七十一段の中でである。自己観察の人としての兼好について吉本を引用しているのであるが、伊藤さんのこの『入門』は、〈入門〉である枠を利用して、伊藤さん自身が一度読んだものをもう一度〈私〉として視直して、読者である私に語りかけてくれている。その手だてが、私にはとてもよくわかったと思っていたものである。この『入門』の見事さは、『徒然草』を語りながら、伊藤さんの言葉と出会っているという実感である。そしてその言葉を媒介として、改めて兼好が読めてくる面白さであったと思うのである。古典の授業の面白さも、言うならそこにあったからである。

〈読み方〉を記す最初のところで、九十六段の〈めなもみ〉を例にしながら、〈「めなもみ」という草の名を生かした文体を創出しようとした試み〉を『徒然草』として紹介している。『徒然草』を註したり講じたりしている諸書に、この文体のリズムから称揚している本も知らないと思う。伊藤さんの日常の独特のオシャベリを思い出しながら、一転して異なる格調の文章の言葉をこの一冊にも見出しながら、でも、リズムの人であったということは十分に納得し、その文体のリズムのもつ波長が、私にはとても快かったということもあったろう。

また格段に幾つもの章立てをして小見出しを書いた、その構成は、あるいは伊藤さんも、益田勝実さんが創られたのではないかと思ってきた、筑摩書房の教科書指導書の書き方にまねられたのかもしれない。一つの段を何時間かに分けて授業する時の、各時間のテーマの置き方を私もまた工夫しながら演じた職人であったから、そこにも、幾つかのテーマで古典を読む読み方の同質の眼差しがあり、読み易かったし、新しい視点を言葉を通して教えてもらえて役立った。

研究者名や研究書を、自説を展開するための手だてにするというよりは、この二〇〇頁のあちこちに、実に巧妙に分散させて紹介し、どの書もそして効果的に特色をとらえて紹介しているように見え、その目配りのあたたかさも際立つ思いをもったものである。書物としての構成の緻密さは随所に見受けられ、伊藤さんの繊細でおしゃれな構造主義の理念もまた、十分に感じられる一冊という思いも、今回改めて思ったものである。もう一言言えば、この一冊は、伊藤さんにとって、詩論だったのではなかったろうか。

何とも率直で、純な方だったと思う。先輩に向かってのもの言いではないかもしれないが、教育研究の場の中での伊藤さんを見ていると、いつもそう思っていた。『徒然草入門』は、そうした普段の伊藤さんとは違う側面のお仕事のように見えるかもしれないが、しかし、自らに誠実に、兼好も結局伊藤さんご自身の人間観の中で消化し、自らの言葉で正確に形象されている、そこには、やはり、純で率直で真摯な学問の人としての伊藤さんが居る、と私には思えている。それも通して伊藤さんは、私にとって〈言葉の人〉であった。多くの〈言葉〉を教えられたなあと、いまも思う。

伊藤さんのお通夜の後、渡辺英二さん夫妻と会った。藤女子高校を去った私の後に来てもらった友である。なつかしい夜であった。そんなこともいま思う。忘れられないなつかしさを感じさせてくれた、伊藤さんという人。なつかしみながら一息に書いてみた。深く感謝しながら。

（二〇〇一年二月二十二日夜）

短歌教育の功罪　――高校国語教師のノートから

はじめに

私の与えられた課題は、現代短歌と教育の問題を、総括的に論じてほしいということである。助詞〈と〉によって結び付けられた「現代短歌」と「教育」は、それをことばの上の事がらとして見るならば、何の不思議もないかにみえよう。だが、教育というものが、どこまでも事実に支えられて論じられるものとするならば、この二つの結びつきを現時点で考察しようとすると、そこにかなりの隔りが感じられ、意外さとともに、結びつけねばならぬ心の重々しさを感じてしまうのが本音である。それはいうまでもなく、「短歌」でなく「現代短歌」であることに、その原因の大半はある。私に即して言えば、この一六年間に高校の国語教室において、「現代」の名辞を冠した短歌には、教材としては一度もお目にかかっていないという事実がある。短歌の教材化現象に関しては、他に論があるとのことであるので、それらを参照していただきたいが、たとえば、現在私どもの学校で採用している『現代国語』（K社版）の教科書では、採用歌人は全員故人である。三年間のうち一年生の第七単元のみが短歌教材であるが、この単元は、会津八一の随筆と茂吉の写生論のごく一部に、晶子・啄木・牧水・白秋・空穂・利玄・赤彦・茂吉・迢空の短歌各三首を加えて構成されている。存命者が一人も居ないということだけではない。ある古典性がこの単元にはむしろ加味されて特色を示しているとさえ言える。これは何も、一社の教科書の実態だけではないことは、他の論文がいくらでも証明してくれるであろう。そこが、どう見比べても他のジャンル——詩や小説などと違うところなのである。これは、思い到るたびに素朴に驚き、なんとも妙な違和感を覚えることがらとなっている。これが、今日の教育における、確かな事実である。

だが、「現代短歌」と「教育」を結びつけた時の、いわば喩的表現の衝撃性に近い一つの違和感現象のその要因を、この教材化における現代不在の「短歌」現象にのみ求めてよいかどうか。教育というものが、決して一つの要因によってのみ全体がゆがんでいく類いのものではない、つまり教材が、その一部分にすぎないことがらとして処理できるもの——現代風に言うならば、フィード・バックの可能な機能体である以上、こうした教材化における現代不在の疎外現象の由縁は、ほかにも十分その根をもっているであろうと推察されるのである。そんな時に、誰もが気づくことは、「現代」なる冠詞を省いた「短歌」自体が、いったい今日の教育において、どのような位置を占めているか、単に国語教育のフィールドだけでなく、教育そのものの全体性の上で、どう機能しているかという点であろう。この論題を「短歌教育の功罪」と、固苦しいものにしたのは、そんなところにまず錐をもみこんでみようとしたからである。

私は、高校教師を職業とするかたわら、詩と親しみ、時に詩について書いたりしている人間であって、短歌には正直うとい者の一人である。ただ一昨年、『近代短歌の教え方』（新間進一、工藤共著、右文書院刊）を書いて、短歌指導を考えることがあったということと、この数年、もっぱら高校カリキュラムの独自性を求めての、いささか風変わりな教務の仕事をしてきた関係で、今日の高校教育全体の諸問題を俯瞰する機会をもったことがある、いや今日もこれを私の重要課題としているので、この二つを視座として、この与えられた課題を、考え論じ、述べてみようと思うのである。短歌に対する極端なくらさが、あるいは的を射ない発言になるかもしれぬが、ご容赦を願い、ご叱責をいただきたいと思うものである。

国語教育の実状

私はここで、伊藤整らによって唱導された文学と教育の背反問題や、あるいは鑑賞理論や文学教育論については触れないことを、先に断っておこう。これらを省いての短歌教育論は成り立たないとする面もあろうが、まず、ここでは論の外に措いておく。観点の角度を少し変えて考えてみたい。

短歌に限らず、すべての国語教材が論じられるときに、私などが一番気になるのは、国語教育そのものの教育における全体的位置づけが、どのようになされているかであり、実はその観点をほとんど欠いているものが多いという現実である。教育体制の批判や文部行政の矛盾の指摘、あるいは教科書の非教育的現実性などを論じられるのはいっこうにかまわない。しかしその場合でも、現実への確かな創造的視座をこそ中心に据えていなければ、いたずらに権力の自由が横行するだけになってしまうであろう。私はここで、そこにさまざまな要因は挙げ得ようが、とも角、高校における国語教育の大きな変貌現象について、まず触れておきたいのである。これは、国語教育の荷の重さとでも言えばよいのかもしれない、極めて課題の多い教育現実のことである。

前記K社版『現代国語』三カ年間で、私たちが教えなければならない作家・筆者の数は実は一〇一名にのぼる。もちろん教材の幅も極めて広い。「文章を書く手順」「会話の方法」から、ハーバート・リードの「芸術の意味」、小田実の「ギリシャにて」、加藤周一の「日本文化の雑種性」にまで至る。その間、ルグロの「ファーブル伝」、宮地伝三郎の「アユの話」、梅棹忠夫の「高崎山」、ヒルティ「演説について」、茅誠司の「科学技術と人間」、竹山道雄「ラスコー洞窟」などにまで触れることになる。テキストが変われば、未来都市論・情報理論はもとより、物理学・生物学・心理学・社会学・哲学、さらには公害問題まで、教材の多寡よりも、学問分野の広がりが目立ち、国語教材のワイド化現象とでも言うほかはない状況に追い込まれているのが、今日の状況である。図書館の利用法から、生徒会活動におけるH・Rを含めての会議の議事運営の方法、校友会雑誌や新聞の原稿の書き方・編集、それに、国語教育全体の五分の一の配分時間をもつ作文指導。科学的思考も歴史的認識も文化史観も、ほとんどが国語科の分担である。さらに注目してほしいことは、読書指導がいっさい国語科にまかせられていることである。主要科目「英数国社理」というけれども、それぞれが読書指導を当然しなければならないはずなのに、それを分担しない不思議さを、今日の国語教育は、どういうわけか背負わされているのである。化学で『ロウソクの科学』や物理の『物理の散歩道』を、地理で和辻さんの『風土』や上山春平氏らの『照葉樹林文化』を教材化している現実は、ほんとうに稀であろう。すべて国語の守備範囲なのである。公務としての生徒会活動もほぼそうである。

今日の日本の教育体系、さらに現在中教審の答申が出ている大学改革案や高校答申の六コース制では、一種の人間限定教育であるゆえに、いっそう高等学校教育が担うべき、広く豊かな教養教育とでもいうべきものが重要性を増していると判断できる。今日の高校理科が、有名理工学部進学のための暗記と計算に埋め尽くされた学科内容をもって、結局は、産業社会の現在的要請にのみ応じる教育に堕している多くの現実を考えると、人間教育を標榜すべき高校教育における国語科の役割は、教師の負担をこえて大きいのである。理科的人間に国語は不必要とする偏りをも考えてほしい。

それでは、本来の国語教育分野とされる文法教育や言語教育の実態はどうか。文法教育は、まったく暗記科目と化して、ことばの教育としての重要な課題は忘れ去られている。文法と通釈に終始する古文の授業は、昭和四八年度学習指導要領中間答申の段階で、各委員により魅力なしとしてわずか二単位の必修に止まり、新聞の報ずる来春の国立大入試では、数学と同じに国語は、「現国」と「古典乙」のいずれか一方の出題も可という改革案さえ提出されている。言語教育の観点に立てば、今日の英語教育の実状は、目に余るものがあろう。シェークスピアであれ、ラッセルであれ、すべては語学知識の素材に過ぎない。テストの問題は、二〇年前の私の時代と全く同じ形式が行われている。本来の国語教育のあり方を問う国語教師であれば、上記の諸問題はいずれも見過ごせない問題のはずであろう。

こうした状況の中で、一体国語教師はどう生きているのか。どう教育に携わっているのかを考えることは、少なくとも、教育の問題を国語科的視座に立って思考する時の重要な座標なのである。短歌教育もまた、それが近代短歌であれ現代短歌であれ、それが以上の渦中に、時間数にして三年間の約二〇分の一の役割りを占めていることを、私は忘れてはならないと思う。国語教師の過重労働の問題や、教材化にともなう文部省検定や、あるいは文学教育に要する時間数などのカリキュラム（教科課程）の問題はあるにしても、日々の現実の中で、国語教師がその教育現実の中でどう生きているかこそ、私は真剣に問われるべき時に来ていると思うのである。与えられた教材の諸情況は、国語教師が克服困難なものはほとんどない。むしろ、私などは、あの多様化した教材を通して多くの知識を生徒とともに学んでいると思っている。そうして、国語教師はもっと科学的思索的でなければならないともつくづく教えられている。私が、今日の教育体制を容認していると誤解しないでいただきたい。高校教師の中では、おそらく多いであろう、たとえば総合雑誌『短歌』購読の国語教師たちが、どれだけ上記の情況の中で創造的に教育に携わっているかを、私は問いながら書いているのである。たとえば、課題の一つが語るように、短歌における現代性の教育がなされるためには、私はまず、教師自体の意識構造をこそ問われねばならないと、私もその一人の職業人として思うのである。所与の教育の諸状況を、一つの形式・様式（牢固とした）と考えることができるとすれば、それとの不断のせめぎあいは、どこか短詩型文学の宿命と類似していはしないかと思ってみたりしている。私はいまそこに、国語教育における「短歌」の一つの位置を見出せるようにも思うのである。

短歌と国語教室

私はここで、今日の高校生たちが、短歌という完成度の高い一つの文学様式と、その詠嘆的抒情性とにどう対しているか、どうコミットしているかについて触れておこうと思う。その前に、現在高校一年生（十六歳）である帷子耀の詩の一部を引用してみる。

蛇行をくりひろげる思慮深い先史時代の都市

地図は相変わらず豊かすぎ少なくともその限りにおいて《いわば老人であった》というアルミニウム胸の様に平板な意識を構成する未完性の言葉たち（彼等は常にいつ果てるともしれない花瓶を読み胃液を映しあって漂うような歴史をひきうけている）でさえも燃えやすいジラフの前では固執を止められている以上奇形合図を弁護するであろう性的な啓示星の棘《おどろ》は一先ず男色の誕生の側にたたみ（後略）

右の詩は『現代詩手帖』の「現代詩年鑑'70」に載った「夢の接触　タグクエスチョンの手前で金石稔がくしゃみしている」と題されたものの冒頭である。帷子の詩については、『現代詩手帖』でよく評されているので触れないが、ただ、詩における高校世代の表現というものについて、その言語青春とも言えるトライアルな大胆さを読みとってほしいと思うのである。

これに対するにどんな短歌的青春があるのだろうか。率直に言って、私はその点にはひどくうとい。うといというのは、文芸部の雑誌や高校生向け雑誌に目を通しての感慨からの謂いである。そこで、佐藤通雅氏の「青春の表現」（『宮城県立若柳高校紀要』所載）に、高校生の可能性がのびのびと表現されているとして引用されている短歌を四首、これに対してみよう。

県立の二文字も入れて書く氏名みな新しき教科書の色
野の道は走れど空青し木々の緑も目にしみる朝
一人して図書館に読むハイネの詩貧しき我はだれを愛さん
やるだけやって出てゆく新聞部入試の重圧ふと心占む

この四首は、ともに『高校時代』からの引例であるとのことである。私はこの短歌に、現代の高校生の可能性を視ることはできなかった。むしろ私は、高校生の可能性と言ってはならないものであることを、この作者たちと膝をつき合わせて話してやりたいという思いをもって感じとっていた。二十年前の私の仲間も、同じ口調で歌っていたことを、何とも言えぬ味臭を伴って思い出していた。そこに、どんな時間が流れ過ぎても、そうして、生活現実を醸成し囲《い》繞《じょう》する社会状況がどのように変化しても、同じように苦悩し歌う青春のあることを、私はここでも確認する。高校教育は、そうした青春者の未来をこそ確かなものにしてやる努力をしなければならないのである。だが、この歌の青春は、あるべき現代の高校生の青春であろうか。価値あるべき文学の青春であろうか。ことばによって創造された、彼らの傷ましくも輝かしい青春であろうか。私はやはり、彼らの個々の青春を閉ざしている、個々の高校生活の暗さや古さをそこに視《み》ざるを得ないのである。むしろあの論文に引用されている寺山修司氏の〈煙草くさき国語教師が言うときに明日という語は最もかなし〉という歌に、私は普遍の青春性を覚える。定かでない対象への激しい怒りや深々しい虚無感、既成の価値観や認識を、根底から懐疑しつくそうとする創造的生の姿勢、そこにも漂よう孤絶の嘆傷――。こうしたことばたちは飾りものに過ぎる感があって現実性を欠きはするが、私の知る彼らはそんな大地に蹲《うずくま》っていたり走ったりしている。一人の高校生が、内心の苦悩をまとまりのある表現で素直に歌うとき、それが短歌になるのだろうか。それは安易ではないか、教師が認めるのは。短歌における文学自体の青春性というものと、その人間の青春性が、恵まれた一体感を獲得したときにのみ、価値は生まれるのではないだろうか。彼らが、おのが世界をのみ瞶《みつ》めても、それは容易に内的生命を噴出させはすまい。やはり、彼らだけではない私たちをも包含し併呑しつくしているこの、現代社会の深淵との素の対決なくして、彼らの青春は文学を獲得しえぬのではなかろうか。適切に言えぬもどかしさがあるが、私には先の四首を、〈新鮮に生きている生徒の可能性〉とか〈いかにも若者らしいのびのびとした表現〉として、その現代高校生の可能性を高く評価することは、どうしてもできないのである。岡井隆風に言うならば、表現する心と教育する心は異質でなければならぬ。

私はこの四首をもって、現代の高校生が短歌をどう意味づけているか即断する気持ちはない。しかしながら、今日の高校生に、短歌が生きた伝統として受け入れられていないことを体験的に論じた文章がここにある。それは、『国語通信』92号（筑摩書房刊）所収の、久保田正文・大岡信両氏の所説である。お二人は、いずれも雑誌・新聞の長年の投稿状況を踏まえて、ほぼ同じ感想をもたれているようである。久保田氏は〈一般的に言って現代の青年たちは散文ならびに自由詩の形式による表現においてはかなり練達の技術を修得しているのに、五句三十一音あるいは三句十七音という形式上の制限のある詩型を使うと、また逆にきわだって表現技術の貧困を露呈する〉と言い、大岡氏は、多くの学生が〈短歌的あるいは俳句的表現に、まったく馴染みがなく〉〈およそ反応というものがない〉〈感性的未成熟状態にとどまらざるを得なくなっている〉と結論付けている。（いずれも俳句も同時に論じているが、ここでは触れない）。知り得る限り、私も同感である。特に大岡氏が指摘する、〈肉体を通して知る日本語の基本的リズム〉の欠落現象は、〈文章というもの全体に対して、無知であるほかはない〉と、重大な問いを投げかけていることに対して、私は真剣に考えていくべきことと思うのである。それならばこうした憂うべき事態は、いったい何に起因し、どう教育は対峙し打開していかなければならないかということが、ここで考察されねばならないであろう。

国語教師の課題

ところで久保田氏は、こうした事態の原因を、戦後の文学教育で〈芸術創造における求心力的なエネルギイの法則〉が見捨てられ、美の定形が忘れられていることにあるとし、さらにその直接的原因を、国語教科書における詩、特に現代戦後詩偏重によって示されている、教材選択における歴史的非論理、文学理論的偏向にあるとして、〈束縛された定型の美しさを知らぬから、解放された自由詩の解放と自由の美を内面的に知るよろこびにもめぐまれてはいない〉と書いたあと、〈教育における体制的白痴化政策はそのあたりで、にんまりと、みずからを祝福している〉と断言している。大岡氏は、〈短歌や俳句が日本人のものの感じ方を久しい間最も典型的に示すものでありつづけてきた歴史を無視することはできないし、これに対する幼い時からの馴染みは、仮に短歌や俳句に対する強い反発を育てる結果になろうとも、必要不可欠ではなかろうか〉と書き、今日における〈文語的な発想の放棄という一般的趨勢〉に言及した上で、現代短歌に触れ、〈遠心的な運動力にみちた辺境探検家〉としての塚本邦雄、〈求心的な測深儀の持ち主〉島田修二、さらに岡井隆と三氏の歌例をひいて解説を加えながら、〈短歌は現在なお詩的表現形式として、注目すべき力を湛えているし、人を十分に動かすことができると言わねばならないのだ〉と結んでいる。大岡氏の論は前半と後半が切れていて論の展開が不十分なところがあるが、『国語教育』（一九六三・九　三省堂刊）掲載の論をみると、〈少年たちの言語感覚に新鮮な言語感覚を与えうる〉として現代詩（ここでは西脇氏の詩）を推しているところからみて、氏は、国語教育における現代短歌の教材化をむしろ推しておられるようである。

いま、両氏の所説の問題点を十分に摘出できるスペースがないのが残念であるが、両氏ともが、短詩型文学教育の重要性を、詩型に力点をおいて認めている点において共通しながら、短歌教育の教材論において全く対照的であることは重要なことがらであろう。教科書の詩においても、近代・現代論争はいまなおあると思われるが、その点では、小海永二氏がつとに現代詩教育を提唱実践されている。全般的にみると、徐々に明治の詩は教科書からは消えており、その意味での小海氏の先駆的業績は大きいと考えている。結論的には私も小海氏や大岡氏の所説に賛成である。しかし、久保田氏の提起された求心力的エネルギーの問題は、今日の高校生の思想情況をかえりみる時重大であろう。なお、文語的発想の課題については、昭和三八年度からの文部省学習指導要領の実施が、従来の古文の授業量を激減させ、従って古代和歌の学習量もまた激減し、全体的に古文教育は縮小化の方向にあることを、識者に注意したい。

教材論や指導論に関しては、詳述を避けるけれども、それらが単なる教科書編集への批判や文部権力への怒りや、まして、自己満足・自己礼賛に終わるものではなく、すでに私が指摘したような、国語教育全体の問題も踏まえた上での発想に基づく考察が望まれるのである。国語科の枠をはずしての芸術教育理論のカリキュラムへの導入（イメージ論・リズム論・意味論・形象論などを柱にしての、音楽や美術を含め、さらに文法論などをも包含して私は考えているが）や、少なくとも、これはすでに『近代短歌の教え方』で新間進一氏の提唱されていることであるが、「古代和歌と近代短歌の教授法は同じでよいか」と言った課題に対する解答ぐらいは踏まえた、それは当然、今日の古典教室の授業状況の指導性の貧困による非文学的授業への徹底した反省を踏まえての、新しい授業研究の登場が待たれるわけである。特に私は、歌人教師たちの積極的な発言を期待している。最近は大河原氏の提起した問題も大きいであろう。

　私の知りうる限り、全国的に見ても、ほとんどの短歌教室は、教師による綿密な作家論や実地検証論、あるいは、教師自身の出会い論がすべてであって、岡井隆氏が『短詩型文学論』で展開したリズム論はもちろん、最近の『現代短歌入門』で詳説している比喩論など、私ども詩を専門とする者には、ごく初歩的な詩法論が欠除しているように思えるのである。岡井氏の言うサンボリズム無通過説は、高校国語教室で随処に実証されている感がある。私は、国語教師の大半が、カリキュラムなどは理数科教務にまかせての自己逃避を、ディレッタント的ひ弱な人間性によって正当化し、もっぱら自己の狭隘な封建的『蒲団』教師に安んじていられることに、憤りを感じている者の一人である。先述の四首の短歌について言えば、教師はまず、あの短歌作者たちの個々の生活矛盾を問うべきであり、そこから発想された批評をこそ、短歌教育は重視すべきである。表現を透して人間を、さらにその状況を把握する眼こそ、文学する者で教育に携わる者の、重要な資質なのではなかろうか。それでなければ生徒会活動の指導などはかえって危険である。また、自らが歌人であることと、短歌を全生徒に教育することとは峻別しなければならぬものがあるはずである。みずからにとって歌を問い生を問うことが不可欠であるように、生徒のそれをみつめ、おのれと混同しないことは重大である。さらに、高校生という世代においては、常に彼らに、歌の別れをこそ経験させることの重大さも忘れてはなるまい。私はそこに、今後の短歌教育の一つの課題があるように思える。

最近の古典教育に触れるならば、私は近年の古今集研究に多大の関心をもっている。『文学』(43・11)所収の寺田透・大岡信両氏の論文や、野村精一氏の文体論的考察論を愛読する。国語教師による、それらの学問的業績を確かに踏まえ、しかも西欧の詩論も踏まえた古今や新古今の充実した授業研究を、私は、従来の微視的な短歌教材論や指導論より望むものである。これはもちろん、私自身の課題でもある。それが、久保田氏や大岡氏の課題に対する、国語教師が実現可能な一つの答案でもあろう。

短歌的なものについて

与えられた紙幅はもう尽きそうである。私が本論でもっとも論じたかったのは、率直に言うと、〈誰もが入門している〉と秋山清氏に言わせるところの、あの五句三十一音の定型の持つ、極めて完成された文学様式のもつ恐ろしさである。それは、全く選ばれたもののみに許されているかに見える生の世界——ほとんどは死に近い無音の暗囚境である。私は、はじめからその吸引力を恐れて短歌を去った人間の一人である。私はそれを、メタファー表現によってまず別れることができたように思う。先の四首には、遂にメタファーがなかったことを思い出す。そうして、そのイソギンチャクのような陶酔の美学の持つ、徹底した保守性が、どうも私には、私を含めての、高校教育全体を覆っているように思えるのである。〈格に入って格を出る〉ところにこそ、優れた短歌は存在する――現に、私にも『現代歌人論』（上田三四二著）を通して知ったり、さまざまに読みあさった戦後歌人の歌種は、充実した感動を与えてくれるものがあったように、私たちは、ここで高校教師としての主体を発掘しなくてはならないのである。生徒に夢がないなどとかんたんに言える状況はどこにもない。ついに夢をおのれの理想的教育論の上にもてなかったのが、高校教育ではなかったろうか。小野十三郎氏が〈多頭の蛇〉と評したものの何かを、私たちはここで考えてみる必要がある。私に、氏や臼井吉見氏のような短歌否定論を語るだけの応分の理はない。だが、飯島耕一氏がこの『短歌』（43・1）誌上で指摘された短歌的世界の私的湿性の風土論とでもいいたい洞察に富むすぐれた印象記に、私も同感である。私はそこに、「短歌」と日本人のメンタリティーとの深いかかわりを思う。それは一見、ひとつの人間の（女性の）故郷性を保持して保守的な、家庭科の教科の世界を思わせる。と同時に、岡井氏も指摘する結社のもつ牢固とした縦系社会の存在と、同時に、スポーツすることの中に人間評価が挿入する体育科の教科の性格に、先頃の『朝日ジャーナル』所収の多田道太郎氏の論文をも踏まえて、共通するものを感じる。共に四八年度カリキュラム答申段階でのもっとも眼目的な教科でもあるのはおもしろい。ともに重要な科目である。教育の中における短歌的なもの――。私は、あの形式との表現による徹底したせめぎあい以外に、そこから自由になり得ない短歌のもつ、極めて高度な文学性を思う。教育もまた、同じような闘いを、教師みずからの課題の中で闘ってみることが（創造してみることが）必要なのではなかろうか。

国語という教科は、先述のように総合教養化の傾向を強めている。その中で歌人教師はどう生きるか。『古典と現代』19号（明治書院刊）で、窪田章一郎氏は、短歌が明治期から本質的には変化していないと断じておられる。それがどういう論理を思想史的にも踏まえられているのか読み取れなかった。従って即断はできない。ただ、私は、敗戦という歴史的現実に、歌人たちがどう対したのかを思う。そこに私は「現代短歌」教材化の可能性を感じるのである。角川文庫版『宮柊二歌集』あとがきの宮氏の文章を想起する。

「短歌教育の功罪」――何が論じられたのか、走り書きになって申しわけない。妄言も多かったと思うが、すべては、高校教師である私自身への課題として日頃の考えを記したつもりである。「危機歌学」と岡井氏は言う。危機は歌だけではない。高校教師としての、より真摯な危機感の自覚と学問への希求こそが、今日私にはもっとも必要と考えている。短歌――。あの歌学のもつ定型の美は、いつ高校生の心に甦るのか。私はここで、何の関係もなく、ジロドーの「トロイ戦争は起らないだろう」をテレビで観た時のことと、ジャック・ルーシェのプレー・バッハを楽しくきいた時のことを思い出している。「現代短歌と教育」――〈と〉は、連接と断絶を示す助詞である。

第二章　「国語」の授業から

『伊勢物語』を読むためのノート ——「古典」入門

『伊勢』三十段を素材にした、いつもの古典入門。〈物語〉の誕生から作者の想定、原本幻想から写本行為の流行、そして異本の誕生。〈もの〉を語ることの虚構化とそのカタルシス性。作者の一人が拡散して、国民文学として成立する『平家物語』と、一人であるが故にその誰かをいまなお謎とする『源氏物語』。気ままに話をしたね。『竹取物語』の原本追求の仕事が、いかに科学であるかも、いつも口にする話。私たちが掌にしている一冊の古典は、ほんとうに現物なのか？『伊勢物語』に限らない、すべての古典を読むという仕事が、そういう見えないものを読む仕事であるということを、私は少し語っておきたかったのである。面白そうに聞いてくれたので、私も、久しぶりの東京校の授業に復帰できたように思う。そのことを感謝している。ありがとう。

「古典を読む」という仕事――それが高校の古文の学習になるのだが――は、ひたすら〈かな〉を読むという営みであることがわかってもらえたろうか。〈かな〉に漢字を与えて意味を読み、句読点を与えて文脈を読む、すべてはそこから始まる。「テクスト化」や「注」の必要性も、その一点に学者が全力を賭けていることも知ってもらえたろうか。もちろん、この一年で私が意図するのもそのことに尽きる。〈ことば〉を〈読む〉という仕事である。その眼がなければ、〈文字〉は文字のまま、図形であって〈ことば〉とはならない。ちょうど〈花〉を〈花〉としてみなければ、単なるものでしかないように。イベントの後、華やかに会場を飾っていた花々が、いとも無雑作にゴミとして捨てられてゆくさまを思い出してほしい。〈ことば〉でとらえること、それが大切な営みなのだ。

「三十段」に入ろう。文章が短いということは、〈ことば〉が少ないということ。その分、読み手の想像力の参加が必要になる。いろんな話をしたように思うが、ポイントを押さえよう。

> むかし、おとこ《（を）》、はつかなりける女のもとに、
> 逢《あ》うことはたまのを許《（ばかり）》おもほえてつらき心の長《なが》く見ゆらん
>
> 出典：日本古典文学体系　岩波書店

〈はつかなりける女のもとに〉の解釈

〈はつか〉が「僅か」であることを知れば、その「量」のとらえ方に多様性のあることがまず注意されねばならない。石田訳の「度数・回数」説と、上坂訳の「時間的量」説とは同じではない。しかもそれらはすべて相対的なものであるから、森野訳のように、「心情的・心理的」な「僅か」の強調された訳も可能になってくるわけである。そしてそのことが、歌の中の〈ながし〉という形容詞の漢字化のところでもひっかかりをもつことを学んだろう。「長」と「永」とは、決して同じ意味ではないから、漢字が異なるのである。そこは〈たまのを〉との対の構造の読みとりを利用しておいたので、納得はしてもらえただろう。『新潮日本古典集成』の渡辺実氏の訳はまた違って、〈はつかなりける〉を、「ほんのちょっと関係のあった」と訳している。そうして次のようなコメントを記している。

浮気でない長つづきする心を「長き心」という。それを反対に使って、あなたの心は短い心だったにもかかわらず、そのつれない心が長く見えると、怨《うら》みとも洒落《しゃれ》ともつかぬことを言った――という折口信夫《おりくちしのぶ》の評につきる。要するに当時の男女関係には余裕があり、心にも言葉にもゆとりがあるのである。

君がどう読むかは、君たち一人一人にまかせよう。学者の研究の努力に敬意を表しつつ、さあ、どういうことばで訳を書こうか、と考えてみたまえ。それが〈読む〉という仕事だよ。

〈つらき心の長く見ゆ〉の解釈

ここでは二つのことを押えたね。一つは「形容詞」とは何か、ということ。〈ものの性質・状態を表わす〉という定義に即して「形容動詞」との関連で述べた「形態文法」という考え方。また、「文法」というものが「共通項」と「異質項」とを区分化し系統づけた体系であることも、少しはわかってもらっただろうか。そして何より大事なのは、区別する知識（識別力）も大切だが（たとえば、「ク活」と「シク活」の区別の仕方）、なぜ「ク活」と「シク活」とがあるのかという問いを持つということだということ。そしてそのことが、「主観」と「客観」という、〈もの〉の認識の仕方の大きな違いに基づくことであり、さらにそのことが、「ユメの成分」として、「主述構造」の上で大きな違いを生んでいるということ、そのことがわかってもらえたろう。〈対象語〉と言い、〈文章上の主語〉を称される「シク活用」の場合の上に来る体言格の語の働き。これが「文法」である。「形容詞」は日本人の心の表現である。大切にしよう。

二つめは、その形容詞〈つらし〉のある、この部分の解釈、だいたいふと考えてみると、〈心〉が〈長く見〉えるというのはどういうことか。だいたい〈心〉は見えるものなのか。と考えると、いったい〈つらき心〉なんてあるのか、ということになるはずである。〈つらし〉が「ク活用」

の形容詞だからといって、客観的な「辛さ」なんて存在しないことも歴然である。ここでもこんなことを言ったね。何があろうが、どんな対象があろうか、要は、自分の心が辛いと思ってしまう〈心〉がある。歌の作者の〈心〉のことである。しかし一方で、もし私の心が〈辛い〉と思ってしまう相手の心やりを中心にとらえれば、私の心が冷たく辛いと感じてしまう相手の心のあり方。あの人の心やりが私に冷たいから私の心は〈辛い〉のだとする時、あの人の心やりが私にとっては〈辛い〉のだと。二つあるよねえ、と。〈辛い〉のが自分の〈心〉ととる説と、相手の〈心〉ととる説と。プリントの三つの訳を読むと、そこが微妙にかかわって訳が違っているだろう。辛い心の切なさを読みとってしまう読者としての私と、こんな風に〈辛し〉をあれこれ考えて読みとらねば、歌ひとつ、その歌の作者の人間の内なる心ひとつ、なかなか読みきれないことのせつなさを思う私と。そこを面白いと思うか、面倒だ、わかんない、つまらんと思うか、二つの人間の生き方がある。どちらもあっていいと思うのだよ。だができれば、選択した古典なのだから、面白しという道を歩んでいる私と少しつきあってみてくれぬか、というのが、私の願いである。

渡辺実氏は、ここを「あの後のあなたのつれない心が長く感じられることよ。」と記している。〈あなた〉がはたして意志して〈つれなく〉しているのかどうかを考えれば、この訳はどうもぴんとこない。何か少しあっさりしすぎて、心にしみこまない。相手がつれないから私が辛いのか、相手と関係なく私の心がせつないのか。これも結局、君が自分で決めて訳す以外にないことを知ろう。

もちろん学問としては、これでよいわけはなく、当時のこうした場合の人々の心のありようの研究や、〈つらい〉の他の文章の中での用法の研究などをした上で、この訳は決められねばならない。しかし、私たちは学問をするのではない。私がねらうのは、〈読むということ〉、一つの文章を読むという営みが、自分自身の主体性を賭けた極めて論理的な「選択」であるということを、知ってほしいということなのである。「口語訳」を暗記したり、「文法」の識別を覚えたりすることが〈読むということ〉ではないということを知ってほしいということなのである。

古代和歌を読む

初めはプリントに即して〈うた〉について話をした。〈うた〉は「打つ」からかという語源への問いから始めて、日本語の基本の音数律、「五音」と「七音」のことを話しし、「(5＋7)n＋7」と人の言う〈和歌〉の構造を説明したね。「詩」は何よりも「スタイル」と「リズム」を言っておいた。「五七」音を基本にして、「五七」と「七七」のくり返しで詩型を構造化する和歌。「五七五七七」の「五句一章」のスタイルから自由になれない「短歌」。リズムも政治体制と深くかかわるもの。

〈うた〉は「万葉和歌」の紹介から入った。言葉は在っても文字の無い古代社会、文字を持たない社会で古代の人々は、たとえば記憶などということをどう処理していたのだろう。一世紀にはもう伝えられていたと学者は言うが、中国から漢文の形で漢字が輸入され、パスタをお箸《はし》で食べるように、日本人は「万葉仮名」を生み出して使用し始めた。しかもそれは、記憶される書き言葉としての〈うた〉として。その例として授業では赤人の一四二四番の歌を読んだ。そして「愁水」だ「丸雪」だのを例ともして。この歌は読めるようにしてきたまえ。この歌の授業の焦点は〈野乎奈都可之美〉に置いた。古代律令体制の完成が都城の完成にあったことは周知のこと。その都市化現象はおのずから〈自然〉という名の〈野〉を都市の外に追いやる。赤人は平城京の都人であった。都市化は文明化であり、それは当然だが、万葉の時代にすでに〈自然〉としての〈野〉は、都市の外に追いやられ、貴族たちは各自の邸宅の中に、人工的な自然としての庭を創って生活をしていたのである。後に学んだ大伴家持の歌は、その人工的小自然の中におのれを埋没させている。

和語に〈自然〉は存在しなかったことから、〈自然〉を歌う古代の詩人たちの眼を読み始めた。中国から〈自然〉という言葉と共に〈自然〉という概念（コンセプト）が入ってきて、日本人の意識の中に〈自然〉と〈人間〉とが別なコンセプトとして認識され、自然と人とはどう協して生きてゆくか、人間の原郷としての自然が人々に歌われてゆくようになる。〈自然〉が〈文明〉との対比概念として、人間が克服すべきものとして対象化されるのは、明治になって西欧から入ってきた思想である。この問題は、すでに、「恋人の呼び名の変遷」のところで少し触れてあったはず。

さて、〈自然を詠む〉七首に入ろう。授業の要点を記してゆく。授業は一首一首板書をして、すべて黒板に板書で指摘しつつ進めてきた。君たちのノートがそれを裏付けてくれよう。ノートと照合しつつ、このプリントを使ってほしい。

A　ささの葉はみ山もさやにさやげどもわれは妹《いも》思ふ別れ来ぬれば　柿本人麻呂

B　わが屋戸《やど》のいささ群竹《むらたけ》吹く風の音のかそけきこの夕かも　大伴　家持

C　世の中に絶えて桜のなかりせば春の心はのどけからまし　在原　業平

D　久方の光のどけき春の日にしづ心なく花の散るらむ　紀　友則

E　月見れば千々にものこそ悲しけれわが身ひとつの秋にはあらねど　大江　千里

F　志賀の浦や遠ざかりゆく波間より氷りて出づるありあけの月　藤原　家隆

G　春の夜の夢の浮橋《うきはし》とだえして峯にわかるる横雲の空　藤原　定家

Aは、日本古代最大の歌人と言われる柿本人麻呂の歌である。〈ども〉を転換軸として、いかに大自然が私を呼ぼうと〈妹思ふ〉思いにとって邪魔なんだと、堂々と個の人間が大自然に対して向き合ってみせる。この、原始的な雄々しい古代人の生の叫びは、全山をおおう笹の葉ずれの音の壮大さとともに読む者の心を打つ。Ａ母音～子音の多様性のことなどを語ったが、ローマ字で書き改めてみるのも、一つの歌の詠み方である。Ｂの家持が平城京の人であることは書いた。〈いささ群竹〉、〈竹〉は真竹や篠竹のように細い数本をイメージする。静けさを「静かだ」と描写するよりも、かすかな〈音〉を記す方が、あたりの森閑《しんかん》とした状況はよく見える。

おそらく一日の勤務を了えた夕暮れであろう。縁に立ち、庭を眺めつつ、かすかな竹の葉ずれの音に耳を傾けつつ、吸いこまれるように、その庭の夕暮れ時の静けさの中に魂をひそめてゆく、そんな家持の像。〈孤影〉と私は板書したろうか。私たちが今風にイメージする孤独を古代の歌群に求めれば、大伴家持から、と、いつも思う。「孤独の誕生」と、私はよく語ってきた。「恋人の呼び名の変遷」のところで語ったように、人間は生まれた途端、自分は一人だなどと思うことはなく、また他者を他者として感じるとは限らない。それは一人の人間の生涯という時間の営みというだけではなく、人間の集まりである社会の歩みを歴史的に見ても、同じことが言えるもの。一本の樹を、君はいつから「樹」として考える、見るようになったか。こうも私はよく問うてみながら『万葉集』を教えてきた。〈風景〉というコンセプトが西欧で誕生するのは、十七世紀のオランダという。万葉を読んでいると、山部赤人に「風景の発見」

を見る。家持の眼にも、〈竹〉はもう、一本の「樹」であったろう。それこそ、都会人の眼差しであったろう。都会人の憂愁である。

同じ『万葉集』の中である。人麻呂から家持へという眼差しの変容は、見方を変えれば、〈自然〉そのものの大きな変化である。環境の変化は自ずと、ものの見方や感じ方を変えてゆく。家持プラスα《アルファ》によって編集されたアンソロジー『万葉集』。その三つの部立てから『古今集』の三部立て、つまり分類基準の大きな変化の話をしたね。〈挽歌〉から〈四季〉への変化、そして、〈相聞〉から〈恋〉への関心の移行。八世紀後半成立の『万葉集』から、十世紀初頭九〇五年刊行の『古今和歌集』へ。王朝貴族たち中心のみやびな文化の爛熟のさまは、中学の日本史で十分に学んできているはずである。「C」の業平の歌は、その風も佇ちどまって遊んでしまうかのような王朝みやびの空間の中で、ゆったりとした時空の余裕を言葉の世界に略奪してみたかのような、遊びの手業《てわざ》である。現世に桜が存在しなかったらと仮構《かこう》する。〈まし〉という「反実仮想の助動詞」をていねいに教えたね。事実に反して仮に思うという、この仮構の助動詞は、君たちに難しい。ありえないことを想い見ることに実に不得手な者たちよ。なぜ?と、私はいつも問うてきた。それが経済社会で育つ君たちの特質なのか。ほんとうに夢見ないねえ。冒険もしない。安全第一。ともあれ、この業平の歌は、〈世ノ中ニマッタク桜ガ無カッタナラバ〉と仮構する形で、春という季節の中で、時の移り変わるごとに桜に心を奪われざるをえぬ、王朝の都人のみやびを歌っているのである。〈耽美的〉と板書したね。〈ノドカデアッタダロウノニ、実ハソウデハナイカラ残念〉。と言うように、観念の中で知的に言葉で遊びながら、目前の自然の美に、うっとりと見とれているのが、この、理知的と言える古今の歌人の歌いぶりなのである。自然の美を自然のままに素直に感動し、率直に表現してみせた万葉歌人たちとは、大きく様変わりである。自然の美を一度対象化、他者化し、言葉の世界にとりこんで意識化し、いわば氷中花のように美しくイメージしてみせる平安朝の詩人たち。君たちはどちらのものの見方が好きなんだろう。プリントの「テクスト」には書かなかった、「D」と「E」二首を追加しておいた。「D」は、紀友則の「ひさかたの光のどけき春の日にしづ心なく花のちるらむ」。落花の景を歌いつつ、表現上は、「なんで急グノダヨオー！　ユックリ散レヨ、ノドカナ春ナンダカラ――」と文句をつけている。文句をつけられることで、読者である私たちは、空をおおうようにして風に散り空を流れてゆく桜花の、たとえようのない花の美を風景として見せられる。言葉の織りなす力技《ちからわざ》でもあろうか。素直じゃねえなあ、と思う諸君が居てもいい。私の友人の高橋和夫氏は、この歌を春一番の日の歌だと読む。騒然と空に舞うハナビラのイメージであろう。「E」は、大江千里の「月見れば千々にものこそ悲しけれわが身ひとつの秋にはあらねど」。「ナンデ私ダケガコンナニ悲シイノヨオー、秋ハ私ダケノモノジャナイノニ、ドウシテ？」と歌う。悲しさを君たちは知るか。悲しみの思いにとらわれる時、世界はすべて灰色になったりして、何も見えなくなってしまう。私たちの心はいつか悲しみをいっぱいにつめこんだ器《うつわ》になってしまう。「悲の器」と言う。何とも逃げられない閉ざされた宇宙。締めつけられるような悲しみの思いがあるから生まれる歌。〈わが身ひとつの秋にはあらねど〉、何という巧みなとらえ方よ、と思う。

自然が自然に見えていた時代は、穏やかな時代であったと言える。かつて荘園警護にあたっていた武士集団が殺人と放火をほしいままにして闘争に明けくれる中世という時代になると、人々はもはや、自然をゆとりをもって賞美する余裕などなくなる。暴力の時代は、かつての貴族の栄光のすべてを、彼らの手から奪いとってしまう。貴族たちは、無常をかみしめながら、唯一、武士たちが手には出来ない魂の美の世界、言葉の織りなす和歌のなかなどに、おのれの想像力を働かせ、見果てぬ夢を想い描いて、自らの存在価値を確かめて生きていた。

「F」の歌。「志賀の浦や」。風景は琵琶湖である。冬の湖面を眺めやる一人の詩人の姿。足元から全身にしみ通る厳寒の大地。風が吹くから湖面は波立ち、しかし、岸辺から徐々に沖に向かって氷りついてゆくために、風が生む白い波頭もまた、足元から徐々に遠去かってゆく。全湖面がぴーんと張りつめて凍結したその途端に湖面を凍結させていった冬の意志の極点の所で、沖の水平線の中央から、冷え冷えと透明に輝く、弦月がすっと昇るというのである。物語を秘めた一枚の絵（タブロー）をみるようである。「有明け月」は名残《のこん》の月といって、夜明けの月である。私はこの歌を昔読んだ時、梶井基次郎の「桜の樹の下には」を思い出し、ぞっとして惹《ひ》かれた。梶井は、桜花が私たちの魂を奪い揺するのは、桜の樹の下に人間の屍体《したい》が埋められ、その屍体から人間のエキスを樹が吸いとっている。だから人間は美しいと感じるのだと書いている。この歌の湖面の凍景は、しかし物理的には非現実の世界が描かれている。湖水が岸から凍結することはない。したがってこの自然の風景は、想像力が生んだ人工的自然美であり、自然よりも自然らしい自然美と言われる。万葉・古今と、詩人たちが自然の現実にみつめつづけてきた詩美の世界は、一二〇五年、十三世紀の初めにアンソロジー化された新古今集ではもはやなく、目をつぶることによってのみ見ることの可能な、自然を超えた自然の世界が、一枚のタブローとして描き出されてゆく。それが新古今時代の、いわゆる〈自然〉なのである。「G」でていねいに説明した、言葉の重層化してゆくポリフォニックな世界は、むしろ私たちをして、歌の言葉通りに自然を見る楽しみに誘いこむ。対象を眺めて知る自然の美を歌に表現するのではなく、歌の言葉を通して自然を自然として見やる新しい眼を獲得する。高校から大学にかけて、私はこの新古今の歌の中に、フランス象徴詩的に等しい言語美の世界を垣間見て、夢中で読んだものである。

闇の季節である〈春〉、秋の夜長に比べて短い〈春の夜〉、その短くはかない〈春の夜〉に見る、まさにはかなさそのもののような〈夢〉、しかも〈春の夜の夢〉、そして、その〈夢〉のはかなさ、頼りなさそのもののように、川に掛けられる仮橋である〈浮橋〉。ひとつひとつの言葉を、すべて〈の〉で結び、ひとつひとつまた別の新しいイメージを与えて、いわば重ね着をするように、意味やイメージを塗り重ねて表現してゆく表現方法——、つまりこの「レトリック」を、「ポリフォニー」と呼ぶ。音楽用語だったと思うが、いまは、新古今和歌集の中の大事な特質として用いられている。重層的表現のことだと思えばよかろう。〈浮橋〉が中途で、何かの理由で壊れて流れ去る、そのように、夢もまた、何かの理由で途中で夢見ることが切れる。ああ、もっと夢を見たかったと眠りから覚めて夢うつつの状態で、遠くを眺めやると、今まさに一つの峯から雲が離れてゆく。〈横雲〉は、その峯から離れがたい心の状態を語っている。それはあたかも、夢から覚めやらぬ作者の心境そのものであり、まして〈夢〉の内容に出てくる、去りたくはない人との別れがたい別れをイメージしている。君たちは〈夢〉を見るか。そして〈夢〉からさめた直後の、夢か現実《うつつ》か分からぬ薄明の思いの中で、ぼんやりと過ごすことはないか。いまの夢が、夢なのか現実なのかすぐには判断できないリアルさの中。夢からさめて目前にする暁の峯の風景は、実景でありながら自分の心の内景そのもののイメージに重なる。一語一語どころか、意識と無意識、夢と現実、人の別れと雲の様子、それらがすべてオーバーラップして、つまりポリフォニックに重層化して見えてくる。さらに、この歌には、『源氏物語』五十四帖最後の巻名「夢の浮橋」がダブる。愛の不毛性と私は源氏について語ったが、それは、この歌の中の〈夢〉が、愛する人との出会いとその別れを意味しているとも読める。まして、古来、男が女の許を去るのは夜明けとともにである。知ることは、読みを深める。だから勉強は面白い。私はそう思って本をたくさん読んできたつもりだ。面白いと思う諸君が居てもいいし、それよりラグビーと思う者が居てもいい。

さ、この一枚で終わりにしよう。「夢見る人は暁の思索者」と言ったのは、フランスの詩人ヴァレリーである。小町の二首、〈夢の恋〉と名づけた二首にゆこう。

思ひつつ寝ればや人の見えつらむ夢と知りせばさめざらましを　　小野　小町

うたた寝に恋しき人を見てしより夢てふものはたのみそめてき　　小野　小町

絶世の美女小町と言われる。恋多き深草の詩人であったと言われる。昨年十一月の末、研究所の研修旅行で、彼女の眠る随心院のすぐ近くを歩いてきたので、小町はなつかしい。〈思ひつつ〉の歌は、二つの課題で読む。一つは、見たい夢はどうすれば見られるかであり、もう一つは、夢が無意識下の創作ノート（ヴァレリー）かということである。『夢判断』を記したフロイトは、夢は隠された願望の充足だと言う。愛シイ人ニ逢エタノハ、アノ人ヲシキリニ思ッテ寝タカラカと小町は歌う。万葉の歌には〈衣片《かた》しき〉とあって、寝る時に衣の片側を下に敷いて寝ると、見たい夢を、つまり愛しき人に夢で会えると考えていたようである。君たちはどんな工夫をしているのか、会いたい人に会えない思いというのは、現代の若者たちにとってどんな現実《うつつ》を提供しているのだろうか。第二は、夢と意識とのかかわりである。私が成城に勤めた一九六五年から当分の間、一クラスで、カラーで夢見る者四人か五人、夢の中で夢を見る者一人居るか居ないかであったのが、この十年で、モノクロの者一人か二人、夢中夢を見る者二十人ほど。テレヴィジョンの影響、イメージの時代の成熟を物語る変化なのであろう。王朝の時代、小町によれば、夢は無意識下の自分の物語であり、意識する時は夢から覚めている時であり、したがって、夢は記憶の物語とも、思い起こすものでもある。いまこの人に逢っていると感じている時は夢の中であったと言うのであり、それが夢だと知ったなら、いつまでも夢の中に居たかった、あの人に逢って居たかったとなるのがこの歌の道筋である。なぜもっと夢の中に在りたかったと小町は思うのか、現実で逢えばいいのに、と思っていい。そこに、次の〈うたたねに〉の歌が位置する。〈うたたね〉はうとうとする仮寝のこと。〈うたたね〉の〈夢〉の中で恋しい人に逢えたから〈夢〉こそ頼り、と言うのである。裏を返せばいかに現実であの人に逢えないか、現実は頼りにならないかという嘆きの歌なのである。仮寝のはかない夢こそあの人に逢える現実と思っていたというのか。はかなく頼りにならないからこそ夢である、その夢こそがもっとも頼りになるとしか思えない、現実の虚しさ。電話というメディアの普及は、人と人との距離感を喪失させたと私は思うが、今日、君たちにとって、現実は確かか。古今集にこんな歌がある。〈いつはりのなき世なりせばいかばかり人の言の葉嬉しからまし〉読み人知らずの歌だけれども、現実が、そして他人の、いや世の人の言葉が、偽りで満ち満ちて信じられないと言う歌である。嘘で満ちている世でなければ、あの人の言葉は信じられるのに――、という嘆き。いま君たちは、言葉を信じられるか。万葉の鏡王女が、〈風をだに恋ふるは羨し〉と歌った。

風は無縁よ、と歌うのは、裏に風は羨しと思う思いのあってのこととは、この歌が示す。言葉は虚しと思う思いは、むしろ言葉こそという思いの強い人々の居たことを読みとる。〈夢〉はどうなのか。作文にはほとんど夢を書かないできた成城の高校生たち。ネルヴァルという詩人の「夢は第二の人生である。」という言葉に、君たちは何を読むのだろう。

夕暮れは雲のはたてにものぞ思ふ天つ空なる人を恋ふとて　　読み人知らず

夕されば蛍よりけに燃ゆれども光見ぬばや人のつれなき　　紀　友則

〈夕暮れの恋〉と題して、二首を引用した。身分違いの人を恋うという四八四番と、身を焼く思いの火の届かぬ悲しさを歌う五六二番の歌。私はこの二首、一つは〈はたて〉、遠さの感覚を問うてみたい思いと、二つ目は、見えないものを見るという眼の働きについて、時間があったら語ろうかと思って持ってきた。〈夕暮れ〉はまた、当時の男女にとって、特別の時であった。夕闇にまぎれて男は女の許に通い、一番鶏の鳴かぬ前に男は女の許を去ると定められていた男女のデート。〈夕暮れ〉は、期待と不安との交錯する黄金の時でもあったろうか。定年で三十九年に及ぶ高校国語教師の職を終える私のいまは、ある意味で夕暮れである。ことさらの思いもなく静かに去りたいといまは思って、いつもと変わりない「日の営み」を送っている。六十二歳の私に恋う心はもう遠い。しかし、古今集を久しぶりにひもどき、「ゆく水に数かくよりもはかなきは思はぬ人を思ふなりけり」（五二二よみ人しらず）などという歌に出会うと言葉の上の恋の思いに心うたれる気持になったりする。うまいなあと思う。古代に限らぬが、優れた先人の詩歌を、ぜひ折を見てひもどいて欲しいものと思う。日本人であることのためにも、と――。

一九八〇年頃から、心して書き綴ってきた手書きの「授業プリント」のすべてを、これで終わる。教師は言葉を語る職業である。語るように書き、書くように語ろうと努めた、三十九年であった。これで決着。よく書いたなとふりかえりつつ、終わりにしよう。あとはテスト。じゃあ――。

朝から書き始めて、研究所に来て、十時半、ようやく書き終えたと思って読み返してみたら、「万葉のうたから」の四首をまだ書いていないことに気付く。こういうのを呆けというのだろう。来客・電話の多い日である。

あかねさす紫《むらさき》野《の》行き標野《しめの》行き野守《のもり》は見ずや君が袖振る　額田王

紫のにほへる妹《いも》を憎くあらば人妻《ひとづま》ゆゑに我《あれ》恋ひめやも　大海人皇子

君待つと我が恋ひ居れば我がやどのすだれ動かし秋の風吹く　　額田王

風をだに恋ふるはともし風をだにこむとしまたばなにか嘆かむ　　鏡王女

額田王と大海人皇子、二人の相聞を「紫の恋」と言うのは、私の学生の頃からのこと。学者たちがそう呼んでいた。要はなぜ〈紫〉かということであろう。〈あかねさす紫〉、茜色の光輝を背景にした〈紫〉の色鮮やかさ。その〈紫〉は、〈紫草〉の根からとるという。紫草は六月の中旬ごろ白い小花を咲かせる花で日照に弱いのか、二、三日で消えるとどこかに書いてあった。何ともあえかな花である。〈紫野行き標野行き〉この対のリフレーンは、皇室一家が色鮮やかに着飾って、御料地でもある紫野を、三々伍々、さんざめきながら歩く、散策している風景をイメージさせる。その貴族たちの中に、〈君〉はあって、〈野守〉にも見えるように私に向かって〈袖振る〉というのである。能を思い出すまでもなく、〈袖〉は心の表現と古代人は見ていた。野守が見ルジャアリマセンカ、イヤネー、アナタハ――。そう歌いつつ、満更ではない額田王の笑みをたたえた表情がクローズアップされる。何とも大らかな野外オペラ、と思う。要は〈紫〉である。古代貴族社会は、色によって国家を支配していた、などと授業で語ったね。色は自然の草木や石などからとったという。その染色工場を宅地内に所有した豪族が、権力をもっていたとも言う。そして〈紫〉、つまり現在の小豆《あずき》色、古代紫は、もっとも高貴なステータスを示す色であった。それを根に含む〈紫草〉は、貴重な草花として皇室が栽培していたというのであろう。〈紫の恋〉とは、その色の高貴な階級性を、額田王と大海人皇子の相聞に仮託したもの言いなのである。大海人は答える。アナタが素敵ダカラ、人妻ト知リツツも恋シク思ウゾ——というのである。壬申の乱の背景として、天智と天武の確執は十分に中学で学んでいよう。しかし、そのスキャンダラスに見える額田王と大海人皇子とのこの相聞歌を、背景は置いてから大らかに読んでよかろう。皇室というものを考える。イギリスと日本とは、何と違うことか——。

「風の恋」にゆこう。〈君待つと我が恋ひ居れば我がやどの〉、〈恋ひ居《を》る〉に性根《しょうね》を据えて必死に恋い慕う作者の思いの深さが読みとれる。坐していたか書物を読んでいたか。背を向けていたか眼を凝らしてみつめていたか。〈恋ひ居る〉という言葉はあっても、生活のありようはわからない。実は人は何をしているか抜きにして〈恋ふ〉ということもない。目と心とどちらでもいいよ、と授業したね。いずれにしても、彼女の全神経は家の戸口に集中しているのである。そうすると〈すだれ〉が動くという。目か耳か。かすかに揺れる〈すだれ〉あるいは〈すだれ〉の触れ合うかすかな音。〈アッ！〉と思うのだろう。しかし何事もなく〈すだれ〉はやがてしずまる。訪れたのは、透明で冷え冷えとした秋風だという。〈秋〉に〈飽《あ》く〉が掛かるという問いもあるようだが、私はいまとらない。秋の風の、その吹くともなく通りすぎてゆく風の行方を、一人じっとみつめ耳を澄ます女心と思う。一度だけではなさそうな、何度も期待は裏切られる秋風の訪い。それでも恋い慕う額田王。決して風に恋しているわけではなくとも、裏切られてもなお待つ心に訪れるものが〈風〉であるとすれば、彼女に〈風〉は待たれているかもしれない。額田王の姉という鏡王女の〈風をだに恋ふるはともし〉という歌は、〈風をだに〉のリフレーンによってはてしなく心の内を吹きすぎてゆく〈風〉を意識させる。セメテ風ダケデモ――と歌うことで、〈風〉の、とらえようもない空漠の思いをまでも私には無縁だと言ってしまう鏡王女の、深い絶望を君はどう思うか。〈何か嘆かむ〉とあることで、鏡王女の〈嘆き〉、咄嗟のひびきは風の芯を貫いて、空を駆け大地を破ったろう。私はこの、〈風をだに恋ふるはともし〉という歌の自分の心さえ透明でとらえようがなく自由な、自由だからこそ絶望そのものの心境の歌われている歌が好きだ。〈風〉とは何か。リルケを通して何回か〈風〉の話はしたつもりだ。

　これで本当に終わり。研究所でひたすら書いて、いま十二時二十五分。ようやく間に合った。これから君たちに、〈夢の恋〉の授業をしにゆく。一つ、古今の「仮名序」の引用について。心と言葉は別物と、十世紀の人が知っていたことを言いたかった。思ったことを書けば文章などということは、昔からなかったということを、国語の終わりに言っておきたかった。言葉も、いや、心だって他者だということを心に、じゃあ――。

『徒然草』第四十五段　――公世の二位のせうとに

公世の二位のせうとに、良覚僧正と聞こえしは、極めて腹あしき人なりけり。坊の傍らに、大きなる榎の木のありければ、人、「榎木僧正」とぞ言ひける。この名然るべからずとて、かの木を伐られにけり。その根のありければ、「きりくひの僧正」と言ひけり。いよいよ腹立ちて、きりくひを掘り捨てたりければ、その跡大きなる堀にてありければ、「堀池僧正」とぞ言ひける。

（訳）公世の二位の兄で、良覚僧正と申しあげた方は、たいそう怒りっぽい人であった。僧房のそばに大きな榎の木があったので、人々が「榎の木の僧正」とあだ名をつけた。すると僧正は、この名けしからんと言って、その木を伐っておしまいになった。ところが、その根が残っていたので、人々は、「きりくいの僧正」と言った。僧正は、いよいよ腹を立てて、その切り株を掘り捨てたところその跡が大きな堀になっていたので人々は、「堀池の僧正」と言ったということだ。

〈渾名《あだな》〉、ニックネーム――本名とは別の、その人の特長をつけた名前。中学校の「親指先生」の話や、私の高校時代の友人「オモチャ」の息子「コモチャ」の話、「下駄さん」の話をしたね。渾名はなぜつけるのだろうか。そこのところが、この章段の読みに必要な視点となる。

登場人物をまず押さえた。〈良覚僧正〉と〈人〉。〈腹あしき人〉の〈人〉は違うと話したね。あいつはイイ奴だ、とかダメな男でね、の〈奴〉や〈男〉と同じだ、と。〈せうと〉は〈セヒト〉、つまり〈兄人〉のことで脚注に従う。兄のこととある。〈良覚僧正〉を紹介するために読者がよく知っている公世を、まず導入としたのだろう。「安養の尼上」（十訓抄）の〈恵心〉と同じ語り出しである。〈聞こえし〉は板書した。〈聞こゆ〉は〈言ふ〉の敬語表現で、〈言ひし（人）〉と書いては筆者の兼好が申し訳ない。身分の高い人。だから〈聞こえし（人）〉として〈申シ上ゲタ（人）〉となる。いや、〈人〉も、補うなら身分の高い人なら〈方〉の方が正しい。〈良覚僧正ト申シ上ゲタ（方）ハ〉となる。

〈腹あしき人〉の〈腹あし〉は、「腹黒い人間」の〈腹〉と同じと語ったね。ここは〈オコリッポイ人〉でいいとした。あとに〈いよいよ腹立ちて〉と〈いよいよ〉とあることもあって、〈腹〉と〈腹〉で関連づければ読めるだろう。文章は言葉の織物。どこかにヒントはあるものである。眼で読むのだよ。〈極メテオコリッポイ人デアッタ〉となる。

ここまでが第一段落と言った。〈人物紹介〉と板書した。〈良覚僧正――腹あしき人〉とも。そこで〈僧正〉の脚注が必要になる。〈最高の僧官〉とある。世俗を捨てた僧侶であり、しかも最高の地位についた人ならば、人格円満「ソウソウハ事ヲ荒ダテタリハシナイ」人であるのは当然ではなかろうか。とすれば、〈良覚僧正――腹あしき人〉という、この冒頭の人物紹介の図式こそが、一つの問題提起をしていることが読めてくる。「コノ人オカシイヤ。イヤ、コノ人、ソレデモ僧正ナンダロウ、ヨホド人望アッタンジャナイカ」。そう思ってみる。そう問うてみる。これが国語力を育てるのだ。

さて、第二段落を読もう。〈坊のかたはら〉、〈坊〉は脚注がある。坊の主人だから「坊主《ぼうず》」というわけ。僧正さんの住居、僧坊の傍らに一本の大きな榎の木があったので、〈人〉が〈榎の木の僧正〉〈とぞ言ひける〉、ここには〈ぞ～連体形〉の「係り結び」が使われている。〈ぞ〉で強めて書いてある。問題にするなら〈人〉だろう。君たちみんなも〈人〉なら、私一人も〈人〉である。〈人〉という〈人〉はどこにも居ない。

〈人〉〈言ひける〉とあって、〈聞こえける〉ではないから、兼好から尊敬される誰かではない。いったい渾名は誰がつけるのであろう。必ず一人の誰か、あるいは一寸した集まりの偶然から誰かによって思いつかれるものである。しかし、その命名者はほとんど話題にもならぬ。渾名をつけた人が問題ではなく、その渾名で呼ばれる人間がひときわクローズアップされる、それが渾名の社会的特性だろう。とすれば〈人〉は誰かを意味しない。無名なる人々である。渾名が渾名として通用するためには、一人二人が呼んでいても問題ではない。そこに、〈人〉は、無名の群衆、世の人々、民衆と称していい世俗の人々を読みこむ言葉かと知る必要がある。世の多くの人々である。庶民たちと言ってもよかろう。じゃなぜ、彼ら彼女らは、〈良覚僧正〉と呼ばずに、彼を〈榎の木の僧正〉と称したのだろう。初めに私が問うた、なぜ人は渾名をつけて他人を呼ぶのかということである。どういうつもりがあったのか。なぜ筆者は、〈大きな榎の木のありければ〉というように、事実のみ指摘して、その〈なぜ〉には触れていない。その余白を読むと言うことも、読むことである。

世の人々の〈榎の木の僧正〉という呼び名は、ヒソヒソ話ならそうすぐ僧正の耳に入ることもなかろう。名のある方だからその言動はよく話題にのぼり、話題になる度々に人々は、〈良覚僧正〉とは言わず〈榎の木の僧正〉とお呼びしたのであろう。当然、彼の耳にもそれは届く。〈しかるべからず〉、〈しかる〉は〈しくある〉で〈然《しか》ある〉、〈ソノヨウニアル〉の意だと板書した。〈ソノヨウニアル〉が指すのは〈榎の木の僧正〉という渾名である。ここの語意は脚注に従って、〈ケシカラン〉〈ヨロシクナイ〉としておこうと言っておいたね。〈とて、かの木を切られにけり。〉〈切られにけり〉を板書し、〈れ〉は、「尊敬の助動詞〈る〉」で「オ〜ナサル」と訳すことと、教えておいた。〈オ切リナサッテシマッタ〉と訳す。〈切りにけり〉でなく〈切られにけり〉と敬意が加えられていることで、〈榎の木〉を切ったのが〈良覚僧正〉とわかる。敬意が払われているのは、この文章中では僧正だけである。

〈この名しかるべからず〉とは、口語訳でも明らかなように、良覚僧正は、「ワガ身ニフサワシイ名トハ考エラレヌ」と判断したというのだ。それが、渾名をつけるのを許さんとしたのか、〈榎の木〉になぞらえられた、私しゃ木じゃねぇ！　と狂ったのか、つまり、なぜ〈腹立〉てたのかは、一切書かれていない、たゞ、いかにも〈腹あしき人〉にふさわしく、〈腹立〉てた事実のみを書いている。大きな一本の榎の木が、ある日突然切られ、なくなってしまったことは、すぐにも巷《ちまた》の噂《うわさ》となって都内を走ったろう。「僧正サマ、榎ノ木ヲ切ッテシマワレタヨ」「アレアレ」とでも語られたろうか。事は、それで終わらなかった。終わっていたら、単なる僧正の〈腹あしき人〉の話で終わったろうし、兼好がこの章段を書くこともなかったろう。そう思わぬか。気づくことの大切さ。そしてそれは、平凡に、わが身の日常に引きくらべてみる眼の大切さ。私ならどうする？　という眼である。

早朝。雨なり。一瞬に消えた大きな榎の木。目立つから渾名として誰もが認めたものなのに。木を伐ったら渾名も消えるのか。渾名が結果である以上、原因を消しても渾名はそれで消えるとも限らぬ。僧正ほどの地位の方なら、それぐらいの理屈は十分に知っていたろう。知ってはいても、やはり許せぬ。原因は木だから伐ってしまえとなる。だから〈腹あしき人〉と称されたのであろうか。原因は木ではない。〈人〉の、僧正に渾名をつけて楽しむ心であったはずである。〈榎の木〉を切られることで、この、〈榎の木の僧正〉なる渾名をつけた〈人〉、つまり庶民とも大衆とも言っていい世の人々の心が騒ぎ、黙っていられなくなる。土台、渾名などというものは、無くても通用する。大方は無い。名前のある人間にわざわざ余計な名をつけるという心の動きは、いわばおせっかいである。かかわらなくて済む対象に自ら働きかけ、相手を自分たちの仲間の世界に呼びこんでしまう行為である。俺たちの仲間と思う意識がなければ、なんでそんな余計なことを人間はしよう。親しめる奴、いっしょに遊んでやるから遊ぼうよ、いいじゃないかとも言えばいい、世の人々のいわば遊び心が生み出す知恵でもある。批評する精神の働きと言ってもよかろう。それを一方的に拒否されれば、何だよ、仲間だと思って親しんでいるのに、と言うことになる。偉そうにするなよ、と人々はシビアな眼になる。ユーモアも理解しないのかよ、僧正さんよ、となる。

でも、だからこそ〈腹悪しき人〉、そこがいい、とも考えたか、〈僧正〉などと取りすまさず、誰が原因ともわからぬ渾名を、プライドが傷ついたとでも言うのか、木を切ってしまうその心のせまさ。それ、なかなか人間的でいい、と〈人〉は思ったのかもしれない。面白いからまたつき合おうぜと話合ったのかもしれない。大きな榎の木であれば、その〈根〉はでんと大地につきささって〈坊のかたはらに〉在ったろう。〈きりくひ〉〈切り杭〉とはつまり〈根〉のことになる。こんなことでカンカンになる僧正さんは面白い。でも、僧正さんよ、木を切れば根は残る。〈きりくひの僧正〉どうだいこいつでは、とでもいうところか。渾名は人々のおせっかいな親愛の情の表れである。木は切れても、〈人〉の心の働きを切ることはできない。できないどころか、そのおせっかいな批評の働きは、火に油をそそがれたように燃えさかる。

僧正が〈人〉の心に応えたことで、はじめて人間同士の心のかかわりが生まれ、心の交流は生じたはずである。そうでなければ、渾名は、〈人〉からの一方的な片想いである。しかし、プライド高き僧正にしてみれば、この、一方的な〈人〉の心のあり方が許せねえ、と言うことになる。私の心も考えずに、渾名で呼ぶとは何ごとぞ、ということだったのだろう。そう思うから、一気に他人に命じて大木を伐ってしまった僧正のプライドは、さらに押しかぶさるようにして渾名をつけてくる無神経で増長した〈人〉の、傷ついている自分の心も思いやることなく、さらに傷つけてくる繊細さを欠く行為を、だから〈人〉を、とんでもない無知なる下劣な大衆よ！　とでも思ったのだろう。私が何で〈きりくひ〉であろうか。私はれっきとした〈良覚僧正〉さまなのだとますます思うのであろう。一度掛け違ったボタンの穴は、もう元には戻らない。これもまた人間の心の綾の面白さだろう。

さて、続けよう。〈いよいよ腹立〉てる僧正は、〈きりくひを掘り捨てたりければ〉となる。この根が悪いんだ、と思う。根さえ無ければ、と掘りおこして他所に捨てたのだろう。〈きりくひ〉さえ無くなれば〈良覚〉に戻れると考えたのだろうか。〈きりくひ〉があろうがなかろうが、もともと彼は〈良覚僧正〉なのである。〈きりくひの僧正〉は、いわば〈人〉、世の人々の、仲間、位はちがう偉い人、だから〈榎の木の僧正〉と渾名をつけて、見上げるほかない偉い方と尊敬しつつ、しかし、心の中では人々は、でもいい人だから仲間なんだとして、親愛の思いを渾名という衣装に染めあげて、そっとオーバーコートのように着せてあげたつもりなのだ。大体、あの人いい人と良覚のことを思ったのも、あるいは、僧正なのに癇癪持ち、そこがとりすましていなくて人間的だ、などと人々は思ったからかもしれない。

でもそこは書いていなくてわからぬ。この文章中に根拠を求めれば、そうとしか考えられないよね。面白いというか、だから人間は複雑というべきか、その癇癪持ちだから人間らしい、おお、いいじゃない、あの人仲間だよ、俺たちの、と考えた、その癇癪が、親しみをこめたオーバーコートを、俺に合わないものを着せやがってとなる。俺を〈榎の木〉と一緒にするとは何だ。まして俺は、切り捨てられた〈きりくひ〉なんかじゃ決して無い。どこまで馬鹿にするのか、と怒りの炎が燃えさかる。そうすると、世の人々は、何だよ、あいつ、こちらが親しみをもつから〈良覚〉なんて「良ク悟ッタ人」などとりすました名よりも尊敬して〈榎の木の〉とニックネームでお呼びしていたのに、偉そうにして木を切るどころか、〈きりくひ〉まで掘り捨てやがって。俺たちの気持ちを踏みにじるような奴は許せねえ。とことんつきあってやる、ってなもんで、〈きりくひ〉掘ったら穴になったわ、そして雨で水がたまって池になってる。よし〈堀池の僧正〉、どうだ坊さん、なかなかいいじゃん、ってなぐあいである。このあと、良覚さん、どうしたろう、池を埋めたろうか、そしたら人々は「埋め立ての僧正」なんて地上げ屋のような渾名をつけたろうか。それは書いていない。でも、これこそイタチゴッコというやつだろうね。

授業では、〈きりくひを掘り捨てられたりければ〉のところを〈かの木をきられにけり〉と並べて、〈掘り捨てられたりければ〉と敬語表現が省かれていることを注意したね。筆者兼好さんは、良覚さんに、はじめ〈聞こえし〉と敬意を払い、ついで〈きられにけり〉とも尊敬申し上げたものの、根を捨てる坊さんの〈腹あし〉のありようには、結局、敬意は払えぬよ、ということになったのだろう。気持ちは分かるが、もう少し余裕もてよ、とでも言いたげである。ここに君たちは〈ユーモア〉という言葉を思い出すか。ユーモアはフモール、人間らしさという語源をもつと言う。とすれば、ユーモアだから許せ、という言い方も成立つが、許せぬものは許せぬと徹する人間の行き方もまた、人間らしくないか。個人的関係ならば、この人、これ以上は傷つくからやめましょう、と自制が働く。しかし、目に見えぬ〈人〉という大衆は、これは数だから、中に、やりすぎだよ、と思う人間が居ても、数で無視されてしまう。その勢いはとめられぬ。あいつは良くねえ、と、一度世間が決めつけたら、それは容易にもとにはもどらぬものである。これはまた、非人間的な暴力と言える。でも、良覚僧正の対応に即して、次ぎ次ぎに渾名を発想して付けてゆく、この人々の知恵は大したものだと思う。これを民衆の知恵として賛《たた》えることは十分にできよう。しかし、いま言ったように、とどまることをしらぬ〈世間〉なるものの、世に言う大衆の暴力もまた、何ともかなわん、と思うこともできる。

君たちはこの章段から、何を読みとる？　良覚の立場に立つか〈人〉の立場に立つか。そしてまた、それぞれの立場に立ちつつ、どちらの立場もわかるとなるか。ことを、目前の現象のみを見て、そいつを何とかすれば何とかなるだろうとする辻褄合わせを、浅慮の癇癪持ちとして切り捨てるのは楽だけれども、私たち一人一人の日常に、これと同じことは無いか。無いと言い切って、勉強なんて関係ないと考えられる者が居たら、それは「オ幸セ者」としか言いようがない。人間は、実に一筋縄でゆかぬ奇妙な存在である。勉強は嫌いだ、けれどもと言って、勉強する場所である「学校」にせっせと通ってくる諸君たちを、私は何とも不思議なことよと思って眺めている。嫌いだけれど、イヤだけれど座っているのは、なぜだろう。潔癖な精神が消えたというのが、私の感想。「老いたる青春」とは、何という論理矛盾だろうね。だから人間の時代になったのかも、ね。

さて本文にもどろう。これで読み了えたわけだが、もう一度本文にもどろう。私は、この文章の展開に即して、誰もが読めるように読んできた。そう書いてあるように、読み、考えてきた。君たちだって、こう読める、いや、読んでくれなくちゃ困る。そう言いたくてこの章段をテクストとしてとりあげている。とは言うものの、一人でここまで読めたろうか。読めた人も居たかもしれぬが、大方は、私の読みに導かれて、なるほど、こう読むのかと思ったのではなかろうか。だから「学校」という場があるんじゃなかろうか。そして私自身としても年齢を加えるに従って少しずつ深く読めるようになっている。教師になりたての頃はとてもこうは読めなかった。もちろん、この読みもまた、古典の、さらには兼好法師の研究者の読みから比べたら、まだまだ浅いものだと思う。もっと読みたい人は、まず『徒然草』を読むことだ。たゞ、『徒然草』は、二学期にまた読むつもりだ。

文章を読む、言葉を読むということは、自分を読むことだ。自分という一人の人間の器、つまり一人の人間の生の力量が眼となって言葉や文章の奥が読めてくる、そういうものだ。読めば読めるなんてものはどこにもないよ。私はそれを「視力」とか「人間力」とか言ってきた。試験が問うのも、そのひとつだと私は考えている。そして、思ったり考えたり感じたり、つまり読めたということがあっても、それは「国語力」ではない。だから「人間力」でもない。言葉で正確に書けなくては、ミミズと同じであるにすぎない。すぐ、感想をもつ、意見をもつなんていうことは大したことじゃない。それが感想として、意見として語っていいかどうか、はたして自分独自のものかどうか、確かめることもなくて良いはずがない。自分だけのものとして他人に示したものが、人真似でしかなかったらどうなるだろう。意見を言う前に、もう一度見てみないか。人間にほんとうに「個性」なんてあるのだろうか。

兼好のこの文章、どこに兼好の意見があるか。たまたま「敬語の使い方」に変化があることから、兼好の心の道筋が少しのぞけたように思ってそう説明してきた。それとて、そう読めば読めるということで、筆者兼好はこの文章のどこにも、私はこう思うなどと書いていない。真実だけをきちんと書いてある。これが事実だ、それをどう読むかはみなさん、おやり、と言っているようである。その兼好の誘いにのって、私はこの段を授業で扱い、この一文を書いてきた。兼好さん、やるなあ、と思わずにはいられない。これが「文章」というものであると私は思う。読む者の生の力量が問われる、問われざるをえぬこうした文章が、他人に見せる私らしさ、つまり「個性」だと私は考える。面白いと思う諸君が君たちの中に居てよくないか、とも思う。みんながみんなサッカー少年になることがあり得ぬように、誰もが文章の世界を好きになる必要もない。こういう文章を、小林秀雄と言う偉大なる批評家が、「鈍刀《どんとう》を使って彫られた名作」と賞めている。鈍刀ねえ、と思う。何とも恐ろしい鈍刀。そう言う、小林もすごいことよ、と思う。

『徒然草』第百四十一段　――悲田院の堯蓮上人は

悲田院堯蓮上人は、俗姓は三浦の某とかや、双なき武者なり。故郷の人の来りて物語すとて、「吾妻人こそ、言ひつる事は頼まるれ。都の人は、ことうけのみよくて、実なし」といひしを、聖「それはさこそおぼすらめども、己は都に久しく住みて、慣れて見侍るに、人の心劣れりとは思ひ侍らず。なべて、心柔かに情ある故に、人の言ふほどの事、けやけく否びがたくて、よろづえ言ひ放たず、心弱くことうけしつ。偽りせんとは思はねど、乏しくかなはぬ人のみあれば、おのづから、本意通らぬ事多かるべし。吾妻人は、我がかたなれど、げには、心の色なく、情おくれ、ひとへにすぐよかなるものなれば、始めより否といひて止みぬ。にぎはひ豊なれば、人には頼まるるぞかし」とことわられ侍りしこそ、この聖、声うちゆがみ、あらあらしくて、聖教の細やかなる理、いと弁へずもやと思ひしに、この一言の後、心にくく成りて、多かる中に寺をも住持せらるるは、かくやはらぎたる所ありて、その益もあるにこそと覚え侍りし。

全文は三つの構成からなる。

A　上人の紹介――①〈悲田院〉の上人であること、②上人がかつて〈双なき武者〉であったこと、③しかも〈三浦のなにがし〉と挿入句で補足する必要のあったこと。

B　〈ふるさと人〉の見解に対する〈上人〉の見解

イ　〈ふるさと人〉の見解――東国人と都人との優劣比較論

ロ　〈上人〉の見解……二段階構成

　イ　結論の明示　　ロ　比較対照法に基づく理由説明

C　兼好の感想

イ　偏見の説明　　ロ　〈上人〉への深い人間理解の眼

全文の主たる話題――都人と東国人との信用度の比較論（社会生活における信頼性・誠実性）〈ことうけ〉の可否を、①性情の特質　②経済力の効力の二点において論じる上人

B段、C段内の構成

B段

1	ふるさと人の言		
2	上人のことわり	イ	都人
		ロ	あづま人

C段

兼好の感想	イ	兼好の上人に対する偏見
	ロ	偏見の矯正と人間理解

「上人のことわり」の構造（演繹的説得の論法）。

1　同郷人の意見に一応は同意しつつ、経験に即した明解な反論を結論的に述べる。（すぐには反論をしない慎重さ。直観的な判断や一般論ではなく、長期的な観察に基づく判断）。

2　反論の理由説明（等質の視点に基づく、柔軟で理を分けた、分析的論理的な観察）。

a 性情的特質——相手に対する理解度の差異の問題。

都の人……〈心柔らかに、情けある〉→感受性豊かで人情味厚い

あづま人……〈心の色なく情けおくれ、ひとへにすくよかなる〉→感受性未成熟で単純卒直

背景にある文化風土としての特質。
・京都――洗練された王朝貴族文化。
・関東――農村支配の未分化な粗野性。
b　経済的事情――実社会における力支配の現状と経済力に基づく実効性への配慮。
都の人……〈乏しくかなはぬ人のみあれば〉→〈偽りせんとは思はねど〉〈本意通らぬこと多し〉
あづま人……〈にぎはひ豊かなれば〉→〈人に頼まるるぞかし〉

兼好の感想――〈ふるさと人〉と〈上人〉との関係との、文脈上の類似性が重要。
1　〈ふるさと人〉とほぼ等しい。外見による印象批評の誤り（偏見の成立事情）。
2　新しい人間理解の眼に基づく事実認識。

本段に見られる〈批評の眼〉の見事さについての、アトランダムな感想（工藤の）。
1　上人の経験に基づく実証の重視、観察に基づく公平な分析力、両方の見事さ。
2　結果のみを重視する皮相的見解の危険性や、外見的印象批評が生む偏見の誤謬《びゅう》性の指摘の正確さ。
3　比較対照法を用い、同一の基準を照射することによって事実を浮彫りにし、分析的、論理的に〈ことわけ〉をしてみせる上人の理性的視点の科学性。

4　欠点（長所）と見えるところに長所（欠点）を見てとるという、実に柔軟であたたかな人間理解の洞察の深さ。
5　自らの偏見を素直に認めて、新しい人間理解の視点を示す兼好の柔軟性。
6　無駄のない簡潔明快な文章と、三段に分けて記す文脈の展開の巧みさ。

『伊勢物語』第二十四段　梓弓

昔、男《をとこ》、片田舎《かたゐなか》に住みけり。男、宮仕へしにとて、別れ惜しみて行きけるまゝに、三年《とせ》来ざりければ、待ちわびたりけるに、いとねむごろに言ひける人に、今宵《こよひ》あはむとちぎりたりけるに、この男来たりけり。「この戸あけたまへ」とたゝきけれど、あけで、歌をなむよみていだしたりける。

あらたまの年の三年《とせ》を待ちわびてたゞ今宵《こよひ》こそにひまくらすれ

といひいだしたりければ、

梓弓ま弓槻弓年を経て我がせしがごとうるはしみせよ

といひて、去《い》なむとしければ、女、

梓弓引けど引かねど昔より心は君によりにしものを

といひけれど、男かへりにけり。女、いとかなしくて、しりにたちて追ひゆけど、え追ひつかで、清水《し》のある所に伏しにけり。そこなりける岩に、およびの血して書きつけける。

あひ思はで離《か》れぬる人をとゞめかねわが身は今ぞ消えはてぬめる
と書きて、そこにいたづらになりにけり。

大津有一校注『伊勢物語』岩波文庫　参照

〈男〉の悲嘆の物語の後は、〈女〉の無惨である。壮烈な〈女〉の死の物語でもある。〈男〉中心社会における古代の〈女〉の、一途な生の燃焼の行方に、私などは、何度読んでも息をのむ。そういう段。

〈昔、男、片田舎に住みけり。〉〈田舎〉って何だと君たちに問うたね。北海道修学旅行で札幌の高校生などを「イモ」と馬鹿にする君たち。一方、札幌だからといって寄ってたかってラーメンだのじゃがいもだのにくらいつくオノボリ高校生をシビアに見ていた札幌時代の、私や札幌の高校生たち。〈田舎〉って何だろう。そんな話を私はしたね。田舎の高校生からイモ文化祭と言われぬ文化祭は、いつ生まれるだろう。がんばろうぜ。〈片田舎〉と〈田舎〉のちがいは何か。この文脈からは、このままでは出世するチャンスもないと判断せざるをえぬ、都から遠い地を、作者は〈片田舎〉と言ったのだろう。左遷だろうか、それともやむなき地方への赴任生活だったのだろうか。〈男〉が主語の時の〈住む〉という動詞の意味は注意しよう。当時の結婚形態から、男女がともに住む場合と、男が通う場合とがある。ここは〈片田舎〉であるから、二人はともに一つ処に住んでいたということか。〈男〉は〈宮仕へしに〈行かむ〉とて〉都にゆく。社会的地位を、そしてそこから得られる経済的資力を求めてのいわゆる単身上京である。当てのあった上京であったのかどうか、作者は一切書かない。〈三年来ざりければ〉が示すのは、ほぼ〈男〉の蒸発と受けとめてもよかったろう。出稼《かせ》ぎにしろ転勤にしろ今日も妻が背負ってきた家庭の重荷。ついに帰らざる夫は、その当時多かっただろう。多く、それ故に生活も苦しくいかんともしがたくなった妻は多かったろう。しかし、夫がある以上、再婚もできずに困っている女たち。「大宝令」が、子なきは三年、子あるは五年と定めたのも、そうした女たちの救済を考えてのことであったろう。

〈男〉の単身上京を、単なる〈男〉の功名心から、出世欲からと切りすててよいかどうかは、あとの歌を読むと、そう単純ではなかろう。当時の郵便事情を考えると一通の手紙のなかったことも、責めていいことかどうか、これもわからない。ただ、〈男〉は、〈女〉を忘れていたのでもなく、捨てたのでは決してないことだけは明らかである。思うが故に、良い報せをもたらせずにいるうちに〈三年〉が過ぎたということだって、十分にありうることであろう。妻を愛するが故に、地位を求めて上京したことだってあろう。ともあれ、〈男〉は〈三年〉帰らず、〈女〉には、〈待ちわぶ〉辛さを〈ねむごろに〉いたわる新しい〈男〉が現われる。そこに何の無理はない。〈女〉は〈三年〉と思う。〈三年〉待てと、新しい男に言い、男はぜひ結婚を、と申し出たというのである。〈言ふ〉という動詞が、言葉はあっても〈言ふ〉という行為は文脈によって意味が違うという話はしたね。〈今宵あはむ〉と〈女〉はついに新しい男に約束する。〈三年〉が経ったのである。〈今宵〉の言い方には、それまでは〈男〉の帰宅を〈女〉は待っていた、と読める。心ならずもやむをえぬ再婚の許諾であった。〈男〉はそこに帰ってきた。運命という言葉は、日常的な世界では使われない。予想を超える出来事に、与えられる命名である。〈女〉にとっては、これ以上の運命のいたずらはなかったろう。なぜ、もう一日早く、と思わずにはいられなかったろう。しかし約束は守られねばならぬ。〈男〉にはたして〈三年〉の認識があったかどうか。それはわからない。あったのは、〈女〉に対する無沙汰の詫び心であった。〈この戸あけたまへ〉の〈たまへ〉なる敬語は、その〈男〉の忸怩《じくじ》たる心が発させたものである。ごめんよ、長く留守にして、の気持ちであったろう。（中断）

〈あけで〉。〈女〉がなぜ〈戸〉をあけないかは十分読める。〈いだす〉が内から外に向かう行為の表現で、その逆は「入《い》る」である。〈女〉は、自分は外に出ず、心を託した〈歌〉だけを家の外の〈男〉に渡すのである。〈あらたまの年の三年を待ちわびて〉、〈年の三年〉と繰り返して〈三年〉をいかに待ったか、その思いを事実として歌いこむ。〈ただ〉と強め、さらに重ねて〈こそ〉で〈今宵〉を強調する下の句。まさに今夜、他の日ではなく今宵だと〈女〉は言う。何度、どんなに強調してもしすぎではない〈女〉の無念さは、これも十分だろう。そして一度〈あはむ〉と約束したら、それは守らねばならぬとする〈女〉の誠実さ。〈男〉はそこで初めて一切の事情を知ったのだろう。それにしても、〈男〉に対して、胸ぐらつかまえて張り倒すことだってできたろう〈女〉の立場なのに、一切の事実と心情を歌に冷静に歌いこむ〈女〉に注目しておこう。〈男〉はこう返歌《へんか》をする。〈梓弓ま弓槻弓〉なぜ〈弓〉を三つも重ねたか。説はいろいろある。要は〈年を経て〉以下である。長イ年月ノ間、私ガシタヨウニ、愛シ、イツクシミナサイ。この〈男〉の気持ちを、君はいまどう読むだろうか。ソウダッタノカ、〈男〉の思いを横切ったのは、まずこうだったろう。そして次には、たとえ、どう深く〈女〉を愛そうが、ここは身ヲヒコウと考えたのだろう。そうすることが、〈女〉に対する〈男〉の、礼儀であるだけでなく、愛だと思ったとも言える。そして思うのだろう。新シイ夫ニ対シテ十分尽クシテヤレヨ、と。それは何だろう。〈男〉なら、すべてそうなるものだろうとは言えまい。しかしこの〈男〉は、いまこう歌った。〈女〉は答える。〈梓弓引けど引かねど昔より心は君によりにしものを〉と。〈女〉が、〈昔より〉と歌うのは、その心の内はすでに先の〈あらたまの〉の歌でも十分わかる。それでもこの歌は、〈今宵あはむ〉のその日の歌であることを考えるならば、危ない歌ではなかろうか。〈女〉の心はすでに新しい〈人〉にない。〈男〉は去る。作者は〈言ひけれど男は帰りにけり〉と。〈ど〉を用いている。それは〈男〉が、この〈女〉の歌で〈女〉のもとにとどまることが予測される、そんな歌の内容だったというのか。〈男〉は去るのである。そしてもう〈男〉はこの文章の中に直接顔を出すことはない。

〈女〉は家を出る。家を捨て法を破り、新しい夫を裏切ってまで〈男〉を追う。所詮、それは破滅の道でしかない。しかし〈女〉には、先に〈戸〉をあけなかった理性は喪われている。すべてを捨ててひたすら〈男〉の後を追う〈女〉の像。しかし〈え追ひつかで〉なのである。それは〈女〉が、である。だが事実は〈男〉が〈女〉を待たなかった、というのである。〈女〉は清水のある所で力尽きる。噛み切った指か、それとも傷ついた指か。その血で〈女〉は〈岩〉に認めるのである。

〈あひ思はで〉は、直訳すればオ互イニ愛サズニ、となるところ。すべては私の、あの人を引きとめる力の無さだと〈女〉は歌う。去る者をとどめようのない無力さを、〈女〉はいま、静かに思うのである。何が悪いのではない、ここに至って残念なのは、その無力さだと。あとは死ぬほかない、と知る、と言うのである。「視覚的推定」の助動詞〈めり〉の使用は、この歌に、自分の死さえも静かにみつめる〈女〉の理性の眼を私は考える。じっと三年を待ち、やむをえず〈今宵あはむ〉と言い、〈男〉には戸をあけずに〈あらたまの〉歌だけ与えた、あの理性が、破滅を賭けて追い求めた〈男〉に届かず、倒れんとするに際し、自分の無力さをすべての原因とし、自らの死にゆく姿を淡々とみつめさせ、それを歌としてみせるのである。三年待つ、ひとり耐えた〈女〉と、一気に破局に賭け死んでゆく同じ〈女〉。君たちはそこに何を見るのだろう。〈めり〉という助動詞一語のすごさを知ろう。これが「文法」。

私はいま、こんなことを思う。この〈男〉が、〈我がせしがごとうるはしみせよ〉などと言わなかったら、〈女〉は死ななかったろう、と。〈女〉の死、この理性の錯乱を呼んだのは、言わば〈男〉のやさしさでなかったか。しかし〈男〉は、たとえ〈女〉が死を招こうとも、〈女〉

を待つことはなかった。〈男〉にすれば、一刻も早く〈女〉の元を去ることが、〈女〉を新しい夫との幸せの中に止めることと思ったのではなかろうか。〈女〉を深く愛するが故に、〈男〉は、〈女〉にとって〈え追ひつかで〉となるものではなかったか。とすれば〈女〉の死は、まさに〈男〉の〈女〉に対する思いやりの深さがもたらしたものではなかったか。作者は、〈男帰りにけり〉と書いたあと、一語も〈男〉について書かない。しかし〈男〉を追う〈女〉の姿をリアルに書けば書くほど、読者はそこに〈男〉の姿をありありと見る。こういう書き方で、作者は、この二十四段の〈男〉の愛を、「みやび」を語ってみせたのであろうと思う。それも物語の一つのレトリック（表現法）であったと知ってほしい。追い求めた末に、断念して静かにおのれ自身をみつめて清水のほとりで死んでゆく一人の〈女〉。それを知ることなく、〈女〉の幸せを願うからこそ、また新しい当てのない放浪の旅に立ち去ってゆく一人の後ろ姿の〈男〉。この「梓弓」の段は、こんなイメージで終わっている。これを、作者は十世紀の初めに書いた。古代の作家の筆のすごさを、私は思う。君たちは〈優しさ〉と言う。太宰治は、〈優しさとは、人を憂う心なり〉と書いた。しかしこの段は、つまりは、〈優しさ〉こそ、愛する者の生命を奪うと書いてはいないか。〈優しさは人を殺す〉と、この段で私はよく、そう語ってきた。古典を読んでみようよ、私は重ねて言っておきたい。

これで、昭和五十九年度の一年生の古典の授業を終えよう。

『源氏物語』冒頭文を読むために

いづれの御時《おほんとき》にか。女御《にようご》・更衣《かうい》、あまたさぶらひ給ひけるなかに、いと、やむごとなき際《きは》にはあらぬが、すぐれて時《とき》めき給《たま》ふ、ありけり。

はじめより、「われは」と、思《おも》ひあがり給へる御かた〴〵、めざましき者に、おとしめ嫉《そね》み給ふ。おなじ程、それより下臈《げらふ》の更衣たちは、まして、安《やす》からず。朝夕《あさゆふ》の宮仕《みやづか》へにつけても、人の心《こゝろ》をのみ動《うご》かし、恨《うら》みを負《お》ふつもりにやありけむ、いと、あつしくなりゆき、物《もの》心細《ぼそ》げに里《さと》がちなるを、いよ〳〵、「あかずあはれなるもの」に、思《おぼ》ほして、人の謗《そし》りをも、え憚《はゞか》らせ給はず、世の例《ためし》にもなりぬべき、御もてなしなり。

上達部《かむだちめ》・上人《うへびと》なども、あいなく目《め》をそばめつゝ、「いと、まばゆき、人の御思《おぼ》えなり」「唐土《もろこし》にも、かゝる、事の起《おこ》りにこそ、世も乱《みだ》れ、悪《あ》しかりけれ」と、やう〳〵、天《あめ》の下《した》にも、あぢきなう、人のもて悩《なや》みぐさになりて、楊貴妃の例《ためし》も、引《ひ》き出《い》でつべうなりゆくに、いとはしたなきこと多《おほ》かれど、かたじけなき御心ばへの、類《たぐひ》なきを頼《たの》みにて、まじらひたまふ。

山岸徳平校注『源氏物語（一）』岩波文庫

体育祭の準備で二時間つぶれ、さらに私の病気で授業がなく、まことに申しわけない。五年ぶりの坐骨神経痛で、坐るも立つも寝るもならぬ激痛の中にあって、ほとんどを反転しつつ床にある。男の意地などと言って体育祭の時に出かけていったのも仇か。六十歳という年齢が見せてくれる肉体の反乱は正直言って、なかなかきつい。鎮痛剤を頼りに、明日だけは出なくては——。

テスト範囲は結局、冒頭文〈まじらひたまふ。〉まで。今年度から週二時間の必修となったとは言え、進まなかったね。しかし、内容は十分にある。まとめの要点を次に記しておこう。

一　宮廷を舞台とした歴史小説であること。——〈いづれの御時にか〉の冒頭は、〈いづれの〉とぼかしつつも、百年前の醍醐帝の聖代《みよ》を想定していると言われる。具体的な歴史的現実を読者に示しつつ、なお〈いづれの〉と虚構化することによって現実の事実ではなかったことだが、十分にありえたであろう人間模様を描出して、人間の真実を浮彫りにしているところに、この物語の小説としての見事さがあろう。『伊勢』や『竹取』に多用される〈けり〉は冒頭の第一文に止《とど》め、あとをすべて現在形で記しているのも、読者をして物語の中にともに生きているように感じさせるレトリック（手法）として見事であろう。

二　後宮世界というもの。――〈後宮〉の仕組みは授業した。〈後宮〉を支配していたのは、帝の妻たちの身分・家柄、つまり出自であった。荘園制度を経済基盤とし、摂関制度を政治的基盤とする王朝貴族社会の権力の身分秩序が、つまりは〈後宮〉の秩序であった。権力高き者の娘こそが帝の御寵愛《ちょうあい》を一身に受けるものと定められていた。帝の結婚が政治的結婚であり、皇位継承者を産むべき責務を負って後宮に侍る后妃《こうき》たちは、妻とは言え、勤め人と等しい。

〈後宮〉は、帝の私生活の場であった。外戚としての摂政・関白が政治を牛耳り、その娘たちが妻として帝の私生活をわがもの顔にする。藤原家の専横が演じてみせた王朝貴族社会の中の帝の地位とは何であったかは、今日もなお絶対的である天皇制を考える時にも、数多くの課題を示している。帝に個はありえたのか。個がなくて愛はあるのか。

三　反秩序としての二人の〈愛〉。――〈後宮〉は前述したように一つの不動の制度であった。制度である以上、守るべきは秩序でもあった。その〈秩序〉が身分であり地位である以上、その〈後宮〉での帝の愛、帝との愛もまた、その重い秩序としての〈身分・地位〉が、守るべきモラルであった。それを問うことは許されてはいなかった。桐壺帝と桐壺の更衣との愛のありようは、だから〈反秩序〉としての〈愛〉でしかなかった。後宮社会の愛のモラルに反することは、当然あるべき〈帝の愛〉のありようにも反することであった。帝が、帝自身のモラルに反してまで、更衣との愛にのめりこんでゆくのはなぜだろう。そしてまた、なぜ作者紫式部は、こんな風に帝の私的生活まで暴く形でこのアンモラルな帝の愛を書こうとしたのだろうか。そう考えるところから、この物語の読みは始まってゆくのだろう。

四　批判の波の輪。——帝の愛が〈制度の中の愛〉である宿命をもち、桐壺帝の愛が〈反秩序の愛〉であるとしたら、その〈愛〉のありようが、人々の批判の対象になるのも当然であった。それは許されざる愛であり、深まれば傾国、国を滅ぼすかもしれぬと考えるとしても不思議はなかったろう。物語は、その批判の波の輪が、水の輪のように、内なる世界から外へ、ひとつひとつ段階を経てしみ通り、広まってゆくさまを、当時の社会の制度的仕組みを十分に踏まえて正確に描いている。まずは更衣の仲間、女御と更衣たち。しかもその対応を区別して描く。そして、彼女たちを含む〈後宮〉という女社会の対応ぶり。ついに二人の愛の異常さは、内なる後宮にとどまらず、それをとりまく貴族たちにも伝わる。女たちの感情的な対応に対し、男たちは理性的に客観的に見る。見ざるを得ぬその帝の愛のまばゆさは、ついに、貴族社会をつきぬけて世間一般の人々の口の端にまでのぼるのである。世の人々の眼は、もはや一人の帝の愛の異常さにとらわれてはいない。過去の史実に前例を求め、その前例の結束を、眼前の帝の政治の実相の中に見抜いてゆく。中国へ、玄宗へ、そして楊貴妃へ。しかし、楊貴妃の前例は、一度口にしてしまっては、不敬でもあり不吉すぎよう。人々は口に出しそうになりつつ、口をつぐむのである。出してもおかしくない状況を、作者は〈つべし〉で示すのである。〈愛〉は本来、二人の内なる世界のものであろう。しかし〈制度としての愛〉だとすれば、それが、おのずと、制度としての政治のありようを揺さぶるのは当然である。私は〈輪〉と書いてきた。言葉がつくり出す噂《うわさ》の伝播《でんぱ》。その社会的軌跡をものの見事に描いた作者の、分析的で明晰な眼差しを学ぼうよ。現代から一〇〇〇年も昔の人である。

五　不幸なる孤立。――帝の孤立は自らが招いた不幸であった。選んだ悲劇でもあったろう。不幸となること、悲劇となることを知りつつ選ぶ生というものがあるよ、と作者は言うのか。まして〈愛〉は、とでも。それは措《お》く。更衣は、選ばせられた不幸でもあった。しかも相手が帝という絶対的な権力者である以上、その手のうちから逃れるべき手段はないのが、現実である。逃れられない不幸が、しかし、女の最大の幸せであってしまうことの宿命と、作者はのぞきこむように描いてみせる。愛の深まりは孤立を生み、孤立はさらに愛を強めてゆく。この時、更衣にとって〈幸〉と〈不幸〉とは同義であったろう。しかも更衣はその渦中にありつつ、〈まじらひたまふ〉姿勢を変えることはない。彼女は決して〈後宮〉の秩序を犯そうとはしていないのである。私はそこに、作者が描きたかった一人の心ある女が居ると言っておく。授業では〈彼女の性格〉と言った。そしてその女の子どもが、光源氏なのである。誠実もまた、ひとつの罪なのだろう。世はままならぬことよ。すべてを〈適当〉、アバウトでゆこうとする現代の君たちは、更衣の生き方をどう読むか。

六　純愛は罪か。――この答は、この本文に即す限り、つまり、十世紀の例に関する限り罪である。作者はなぜ帝がこの更衣に惚れたのかを描いていない。あるいはそこには、当時のいわゆる摂関体制が、権力の争奪と年中行事の消化という、政治の公的性格を失っている状態で、退屈な時間の中で、貴族たちが男も女も肉欲の世界を通して個の人間的生の充実を求めていた、そこを踏まえていたからかもしれない。とすると、〈制度〉ではなく、帝が惚れたのは、一人の女の魅力であったのであろう。つまり、その時代で、人々が求めたのは、やはり、心ある一人の人間同士の愛情であったのではなかったか。形だけの愛では求めえぬ、一人の人間の心の拠りどころ。当時の人々がそれを求めていたことを、そのもっとも純な形の、男女の二人の愛の形で、作者はこの物語に描いてゆこうとしたのではなかったか。一人の男が一人の女を深く愛することこそが、最大の罪である場合もある。しかし、たとえ罪だと知っていても、悪だと知っていても、二人は愛を深めざるをえぬ。そして、罪の花としか言いようのない男の子の誕生。『源氏物語』という物語は、ここを始めとする。祝福されざる一人の生の履歴が、その死後も含めて五十四帖に綴られるのである。口語訳でいい、読んでみないか。

志賀直哉『暗夜行路』序詞を読む

「小説の神様　志賀直哉」の、しかも名作と称される『暗夜行路』を読むのは、何とも久しぶりである。影の多い生を生きてきた思いのする私にとって、〈暗い夜道をとぼとぼ歩く〉などと題された作品は、読む度に心重かった思い出がある。授業でも二、三度は扱ったろうか。しかし今回、その〈序詞〉を読んでみて、その見事な構成ぶりに舌を巻いた。名作はやはり名作なりと、しみじみ思った。授業の読みに即して要領よく整理し、勉強の資に供そうと思う。

私は初め、一読、二つの特質に触れた。一つは、主人公が〈私〉である一人称小説における〈私〉性のこと、もう一つは、実に巧みに操作されている時間、いわば〈回想〉の時間的特質という点である。しかしこの二点は、終わりにまとめよう。

全文は五つの段落に分かれている。まず、第一段落から読んだ。第一段落はさらに二つの段落に分けられる。私は前半を(a)、(b)、(c)とし、次の箇所に焦点を絞って整理をしておいた。

（イ）〈私〉が〈自分に祖父のあることを知った〉

↓（ロ）〈不意に祖父が私の前に現れてきた〉
↓（ハ）〈その時私は初めてそれを祖父として父から紹介された〉

前半は〈祖父〉との出会いであった。

右の（イ）文が語るのは、〈私〉の家の、読者からは見える不思議であった。〈祖父〉の居ないはずはないのに、〈私〉が〈六歳〉まで〈祖父〉を知らなかったのは、〈祖父〉の存在を完璧にガードした〈父〉の〈家〉があったからである。なぜこうも完全な〈祖父〉からの隔離が〈私〉に必要であったのか。この作品は、この問いから書き始められる。一種の謎（なぞ）解きのスタイルをとっている。〈祖父〉との出会いは、〈私〉からの訪問でも、たまたまの出会いでもなく、〈祖父〉の突然の訪問である。なぜ今、この時か。その答は、私がカッコに括《くく》った〈私の母が〜たって〉にあることも確実である。〈母の死〉〈死後二月〉、この二つの要素の語るものはなにか。そう書いてあるから、そう読む。〈読むという営み〉は、ただそのことにある。作者が書いてあるように読むこと、それしかないということ。〈母〉が死ななければ、〈祖父〉の訪問はなかったであろうと読む時、〈母〉をめぐる〈父〉〈祖父〉、そして〈私〉の相互のかかわりに何があるのかを考えつつ読むのは自然である。〈母〉の死後二月、頃を見はからった〈祖父〉の来訪。これを語るのが（ロ）である。（ハ）は、〈祖父〉が〈祖父〉であることを〈私〉に紹介したのが〈父〉であることを記す。当然は当然としても、なぜ〈初めて〉かの疑問がまたわいてくるのが、これも自然であろう。何気なく描いてあるように見えても、実に計算が行き届いていることに驚く。(a)と(c)に枠取られた(b)は、〈私〉がどのように〈祖父〉と出会ったか、その経過が書かれている。〈六歳〉が就学年齢であることは指摘しておいた。

三十日夜。東京二十七度七分。校内大会第一日目。暑い中、ご苦労さま。続けよう。

〈祖父〉を知らぬ〈私〉にとって、〈祖父〉の来訪は〈見知らぬ老人〉の来訪である。それが(b)である。「時」は、〈暗夜〉に向かう〈夕方〉、「場所」は〈門〉の前である。フィクションである以上、イツ、ドコデは、十分意図をもつ。そこを読まなくては何の意味もない。母が死に祖父が訪れることで、〈私〉が初めて〈暗夜〉という重い人生を自ら背負って生きねばならなくなる。〈門〉は、〈家〉の入口である。ソトの社会と隔絶《かくぜつ》された家と外部とをつなぐ接点である。それ故に、ウチなる家から出るための出口でもある。裏口でもなく庭からでもなく、〈祖父〉は門から正々堂々と訪れてくる。〈父〉にとって、そういう〈祖父〉の訪れは拒めないであろう。〈私〉はやがて、〈祖父〉の家の人となる。

二人の人間の相互の関係は四通りであり、この〈私〉と〈祖父〉とのはじめての出会いの描出も、この四通りで読むのが自然である、と授業したね。そのために、まず、二人ずつの描写部分を、上下に分けてノートしてもらってある。〈見知らぬ老人〉は、〈私〉にとって、〈なんとなくみすぼらしい〉外見の印象と同時、〈なんということなく〉〈反感をも〉ってしまった、とある。〈なんとなく〉と言い、〈なんということなく〉とも言う。自らを説得する理由はないまま、なぜか〈私〉

は、この〈老人〉に対し、生理的な不快感を覚えているのである。これはやがて〈変に〉や〈妙に〉の多用につながってゆく。自分では見えていないのだが、どこかにその不快の根拠の在ることを暗示してゆくのである。

　五月一日夜になる。少しずつ、少しずつ書いている。この一枚に二千字から二千百字ほど入る。いや、もっとか。

〈一人〉〈門の前〉で遊んでいる所へ訪れる〈見知らぬ老人〉に、〈私〉は〈反感〉と〈悪意〉を持った、と言う。〈目が落ちくぼむ〉、〈猫背〉、〈つり上がる口元〉〈深い口元のしわ〉、これらは、当時の〈老人〉なら大方備えていたと言ってよい一般的な姿であって、それがことさら〈みすぼらしく〉〈下品〉なことはなかろう。〈なんとなく〉〈変に〉がそれを示し、そこに、やがて明らかにされる〈私〉の秘密が託《たく》されている。

〈老人〉の〈話しかけ〉に対して〈下を向く〉、無言の拒絶を示す〈私〉。そして心中〈早く行け〉と、不快なものよ立ち去れと念じつつ、しかし形にもことばにも出されず〈意固地に下を向い〉たまま。しかし立ち去らぬ〈老い〉に対し、〈妙に〉〈居たたまらない気持ちにな〉る〈私〉は、〈不意に〉〈門内へ駆け込んだ〉。〈門〉は、ウチ・ソトのけじめを示す入口である。門内はいわば治外《ちがい》法権である。〈父〉に守られた〈私〉の〈家〉の中に、〈私〉は、この〈老人〉は入れるはずがないと踏んだのだ。〈老人〉は〈背後から〉言うのである。あたかも〈私〉の家の中までもすでに入りこんでいるかのように、〈私〉が断ち切ろうと行動を起こすのを待っていたように、〈老人〉の一言が、〈私〉をぐいっと〈門〉の内なる世界から呼びもどすのである。(a)文にも〈不意に〉があって、異なる用い方と注意しておいた。〈老人〉の〈私〉に対して初めて発した言葉が〈オイオイお前は謙作かネ〉である。なぜ〈私〉が〈突きのめされた〉かは歴然であろう。無縁なこの〈老人〉に、〈悪意〉と〈反感〉しか持たぬ〈私〉と思っていたはずなのに、この〈老人〉の第一声は、〈未知〉どころか、とうに知っている、名前まで知っている人間であったということ。既知《きち》の人でもある以上に、〈老人〉は、〈私〉の見知らぬ過去をさえ自らのものとし、見知らぬ過去の遠いいつかの日から、〈私〉が、この〈みすぼらしく〉〈下品な〉〈老人〉の世界の人間であったとは。強烈なパンチであったろう。〈私〉は、〈門〉の内へ駆けこむ意味を失うのである。関係を切ろうと〈私〉が意志した瞬間にこの言葉である。〈私〉は〈心で用心〉する一方で、〈首〉は〈おとなしく〉〈うなずく〉のである。自らの意志に逆らうかのような〈私〉の肉体が示す「同意」は何であったろう。私はここで、構文も等しい〈そう思いながら〉の一文と、ここの一文との巧みな対応に驚いたと話をしたね。〈うなずく〉もまた〈下を向く〉行為であろう。しかしここに、「拒否」から「肯定・同意」へという、〈私〉の予期しない対応の転換が語られている。いつのまにか、この〈老人〉の世界に、〈心〉は拒絶しつつ取り込まれてゆく〈私〉である。〈心〉はナゼコノ老人、私ノ名前ヲ知ッテイルノカ？　といぶかっている。〈父〉の在宅を問う〈老人〉の、威丈高なもの言いに、〈私〉は〈圧迫〉されてゆく。〈悪意〉や〈反感〉が消えたのではなく、そういう〈私〉の都合など、一切お構いなしの〈老人〉の、〈私〉を初めから呑《の》みこんでしまっているこの態度は、何なのか。読者である私たちも、〈私〉と同じ思いに誘われる。「作者」が生み出した主人公〈私〉の心や眼に、いつか読者の内なる〈私〉も同感を強いられてゆく描き方、ここに、この作品の力量があろう。「私小説」と称される世界の巧み、仕組まれた作品世界の上手《じょうず》がうかがえよう。これが志賀直哉の作品世界なのである。初めに仕掛けられた謎《なぞ》は、ますますその疑惑性を深いものにしてゆく。

〈老人〉はついに〈近寄り〉、〈私〉の〈頭〉へ〈手をやる〉。逃げようのない〈私〉に対し、先の〈心〉の内なる〈用心〉を見事に打ちくだく一言を言う。〈大きくなった〉は、小サイ時ヲ知ッテルヨ、幼ナイ時カラヨク知ッテルヨ、の意である。〈自分の意識して知ることのない過去において、すでに自分を十分に見知っている他者の存在の重み〉と私は授業で言わなかったろうか。まだこの〈老人〉が何者かはわからぬながら、〈本能〉的予感で、〈近い肉親〉と認めざるを得ぬ立場におかれた〈私〉が、〈息苦しくなる〉のは自然だろう。しかし、〈老人はそのまま帰っていった〉。〈老人〉の訪問の目的は〈父〉にあったのだろうことと同時に、この〈そのまま〉が、〈私〉の背負わされた、逃れようのない不快な生の重荷も〈そのまま〉であること、その理由の不可解なままに、〈老人〉は去り、〈私〉はやがて訪れたであろう〈暗夜〉の中に一人残されたことを意味する。その〈不快〉なる重みは、(c)の（ハ）の〈それ〉に歴然である。〈その老人〉でもなく〈その人〉でもなく、ほとんど〈もの〉としか意識されていない〈それ〉の用法。この〈それ〉は、すでに一度、〈悪意〉のところにも出てきている。初めから〈私〉にとって、この〈老人〉は、〈それ〉に等しい、無縁なる他者でしかなかったのである。できれば関係を断ちたい〈みすぼらしく〉〈下品な〉世界の、幼いながら人間として見下すに足る品格の人間でしかなかったのであった。その人間に、〈私〉は、生まれた時点で見知られた人、見知られたこどもであったということは、〈息苦しさ〉という生理的な重圧感で言い表わすほかないものであったろう。ここにも、動物的感覚がきちんと的確に描写される志賀の特質が認められる。志賀文学に関心のある者は、多くの文学史や論文を読んでみるとよい。

ここまでが、第一段落の前半である。もう私たち読者は、否やも応もなく、なぜか知らぬ不快な過去を生の重荷としてこれから生きねばならぬ〈私〉の、〈暗夜行路〉を、納得させられていることに気づいている。この、理不尽がいったい何に由来《ゆらい》し、それをこれから〈私〉がどう解決してゆこうとしてゆくかが、この作品のこれからであることは、誰もが読みとれる。これが「小説」であり、「小説」の冒頭の読み方、読みの「コード」である。そしてこのぐらいなら、君たちでも一人で読めないか。書かれてある通りに読むという私の、常なる平凡である。一息入れよう。

五月三日、憲法記念日の夜である。昨日も暑かったね。東京二六・三度とある。しかし今日の何と涼《すず》しやかなこと。曇り空を抜けるりょうりょうたる風は、秋のようでもあったね。暑いのが何とも辛い私には、ありがたかった。さて、第一段落の後半を読もう。後半は(d)(e)(f)(g)と四つに分かれている。

(d)は引きとられた〈祖父〉の家のことである。祖父とお栄と少年。〈横町の奥の小さい古家〉が、その家のあり方としてふさわしいことは後でわかる。ともあれ、〈すべてが貧乏くさく下品だった〉のである。第一段落では〈祖父〉の印象が、ここでは、〈私〉をとり囲む〈空気〉に至るまでがその通りになる。第一段落(b)における〈祖父〉の〈印象〉を記す二つの文がここで一つになる。それは、また、先に記したように、一人の印象が家をつつむすべてのものに染め上げられる。感覚は、変わりようがないと言えばそれまでだが、志賀の感性の鋭敏な的確さは、ここにも覗《のぞ》く。すべてが〈下品で貧乏くさ〉い〈空気〉の中で、〈私〉は一人、染まることなく孤絶のままである。〈一人〉であるわけである。しかしこの〈一人〉は、門前でもそうであったように、宿命だった。

(e)は、その〈私〉の〈一人〉の実体を説明する。〈幼児〉からの、つまり〈父〉の〈家〉における差別が生む不公平の中の〈一人〉であった。ついになぜか〈私〉だけが〈父の家〉から放り出される差別。〈子供ながらにおもしろくなかった〉とある。「不愉快」であったと書く。そうしてこの、差別、〈不公平〉がもたらす〈私〉の心の〈寂しさ〉は、なぜか亡き〈母〉を思い出させ〈悲しい気持ち〉にさせる。〈父の家〉は〈母の家〉でもあったとすれば、なぜ〈母〉か。

(f)と(g)とは、〈父の家〉における、〈私〉に対する〈父〉と〈母〉との対応を具体的に示す。〈父〉

は〈常に常に冷たかった〉という。〈あまりにも馴らされていた〉と書く。〈比較〉を拒むほどにそれは徹底していたと言う。〈父子関係の経験の全体〉と書く。〈母〉はどうか。〈ことごとにしかられた〉とある。〈常に常に〉と〈ことごとに〉は同じだろうか。「事あるごとに」が〈ことごとに〉である。〈邪険〉とか〈しかる〉は、どちらも〈私〉に対する〈母〉の、積極的なかかわりである。行為そのものである。しかし〈冷たかった〉は、行為ではなく、またかかわりを持たぬ、間に越えない溝のある、距離のある状態である。〈私の場合だけ〉と〈私〉が思うのも当然であろう。〈父〉のその等距離の冷たさが比較を拒んだのもわかろう。〈父〉に対して、その〈冷たさ〉は〈悲しく〉なく、〈母〉の〈邪険〉は、〈私の場合だけ〉とひがみを覚えさせたという。にもかかわらず〈母〉は、深い思慕の対象であった。〈私〉が生母を慕うのは何も特別なことではない。どんな場合でも〈父〉は息子にとって思慕の対象ではない。まして〈母〉は亡《な》い。(f)と(g)とは、生前の〈母〉を〈父〉と同列で回想した描写である。しかし、この〈母〉の死こそ〈祖父〉の来訪を呼んだとすれば、こうしてくり返される〈母〉への思慕は何を意味するのだろう。謎解きである。

父からも母からも愛されなかった〈私〉は、〈母〉の死後、訪れた〈祖父〉に引きとられる。〈父の家〉の差別からも追放されて、逃れようもない負い目（見知らぬうちから見知られていたことから感じてしまったところの）を背負って、しかし〈祖父の家〉の一切を〈貧乏くさく下品〉と見下《くだ》して一人、異和の中で孤絶している少年の〈私〉。この、〈同胞〉からの差別が生む、〈寂しさ〉を、生涯続くんだろうという予感とする中で、〈母〉だけを慕う〈私〉。「運命ニ身ヲマカセテ従順ナル男」を意味する「時任謙作」なる〈私〉の、これから続く〈暗夜行路〉。そして〈母〉を慕う余りの女道楽。結局は知る〈祖父〉と〈母〉との間に生まれた「不義の子」という〈私〉の生の負い目。その仕返しのように、やがて起きる妻直子の誤ち。『源氏物語』を思わせるような暗いテーマの中を生きつつ、やがて大山の大自然の中ですべてを許そうという境地となるというこの長篇。詳しい事実は一切語られてはいないが、この「序詞」のこの第一段落は、それらをほとんど予感させる。すぐれた作品は、みなこうである。私が先に〈舌を巻いた〉と書いたのは、以上の点である。お見事なことよ、と思う。

第二段落以下は急ごう。第二、第三段落は、〈四つか五つか忘れ〉とあることで、第一段落の〈六歳〉の時点からの回想ということになっている。〈父の家〉における〈母〉への回想A・Bとなっている。――中断――五月六日の夜になる。――五月十八日夜。ずいぶん間があく。〈四つか五つ〉頃の回想が二つ語られる。ともに父の家を舞台にする。「回想A」は、〈母〉の〈子〉に対する一途の愛の場面であり、〈私〉の、それ故の〈母〉への限りない思慕の場面である。屋根に上る事件は、しかし、〈私〉にとっては、〈快活な気分〉を味わう珍しいひと時であった。〈だれにも気づかれずに〉が語る、自己解放。〈家〉の中の他人の眼差しからの自由。そして、〈柿の木〉の描出で示される、日常の劣等感からの、一転する優越感。すべてを〈足の下〉に見下す〈快活〉さ。ここの〈一人〉は伸び〳〵としている。〈西の空が〉の一文には『枕草子』

冒頭の夕空のシーンが思いだされよう。〈大きな声で唱歌を歌〉う〈私〉。しかし、この〈一人〉の自由は、まもなく〈母〉によって奪われる。〈ただごとではない〉と見た〈母〉の、〈気味の悪いほど〉の優しさは、自力で下りようとした〈私〉を見ての、〈母〉の〈泣かん〉ばかりの真底からの〈恐怖〉感の表現で明らかである。〈母〉はひとつの安堵とともに〈興奮〉にとらわれて〈泣く〉。ここには、〈私〉ならずとも、正真正銘の〈母〉親が居る。心配と、こういう危険を冒《おか》すことへのいわば怒りからでもあろうか、〈母〉は〈烈しく打〉つ。〈打たれ〉ることで〈私〉は、〈母〉をそこに認識し、それ故に〈母〉を思慕するのである。「回想B」は、〈父〉の〈私〉に対する黙殺から始まる。他の用件ならともかく、〈菓子〉を持ちながら一顧《こ》だにしない〈父〉の、徹底した冷たさ。〈子〉として〈私〉は悲しくなって〈泣きた〉くなる。しかし、冷めた人間の眼は、この、すべきではない〈父〉の、礼を失した無視の振舞いを許せないとも思う〈怒り〉。しかし、まだ幼ない〈私〉に、それを〈父〉に爆発させる力はない。その無念は、やがて入ってきた〈母〉に対する屈折した甘えとなる。悲しさに〈泣く〉なら泣きたいと願い、また、この〈母〉への理不尽《じん》の駄々の非正当性は、〈怒られ〉て当然なのだから〈怒〉ってほしいとも思い、それらを超えて、〈打つ〉という直接的行為（スキン・シップ）で、〈打つ〉なら〈打て〉と、そうしてくれることでしか、この理不尽なる〈父〉の仕打ちがもたらした無惨から受けた、この惨めさは消えないと〈私〉は思うのであろう。心の昂《たか》ぶりが引き出す〈母〉への暴力。それは〈母〉への甘えの変形でしかない。それに対する〈母〉の対応は、〈私〉の〈度肝〉を抜いた。もはや〈母〉は、〈私〉を〈子〉、子供として扱ってはいない。下手すれば窒息しかねない力で無理矢理に羊かんを〈私〉の口中に押しこめようとする〈母〉。それは、まぎれもなく、〈私〉を、全身で、〈母〉のプライドも大人の余裕も、一切をかなぐりすててかかわってくれる一人の対等の人間である。「回想A」が〈母〉親ならば、「回想B」は、〈私〉を対等の人間と認めてくれる一人の等身大の人《ひと》がそこに居る。誰一人〈私〉を、対等の位置と認めず、まして〈父〉はなぜか、眼差しさえ逃げてかかわることをしない。すべての肉親からそうして疎外される〈私〉に、こうして、全てを賭けて相対してくれる〈母〉に、〈私〉は、一切を忘れて心から溶け込んでゆくのである。〈母〉も〈泣き〉、私もひとつになって〈泣く〉のである。この二つの「回想」は、こうして、〈私〉にとって〈母〉が、かけがえのない〈母〉であることを確認する、読者にもしたたかに印象づける役割を示す。

〈根岸の家ではすべてが自堕落だった。〉と記されるこの段落は、〈貧乏くさく下品〉の実態が記され、〈しまいまで好きになれ〉ず、むしろ〈嫌い〉になる〈祖父〉の遊び人風情、道楽者の日常がわかる。この〈祖父〉の、不気味なうさんくささの描出も、やがて明らかになる〈私〉との関係――〈私〉は、この〈祖父〉と〈母〉との間の「不義の子」なのである――の伏線でもあろう。そうしてさらに記される〈お栄〉。〈寄席芸人〉の〈下品な皮肉〉が暗示する〈祖父〉と〈お栄〉との隠微な関係にもかかわらず、〈私〉にとっての〈お栄〉は、徐々にひとつの意味を帯びてくる。初めは〈美しい女〉として。ついで〈気の遠くなる快感〉を与えられる一人の異性として。やがて〈私〉にとって〈お栄〉は、〈だんだん好きになってい〉く、愛する女性としての〈お栄〉。二十年ほど経って、〈私〉は彼女に結婚を申出て、断られるのである。早く失った〈母〉へのはるかなる思慕が生む、それは幻想でもあったろうか。代替《たい》、代わりでなかったとは言えない。しかしこの〈母〉と〈お栄〉と〈私〉との関係の構想は、遠く王朝の物語、『源氏物語』冒頭の部分の、光源氏と藤壺とのかかわりを思い出させてくれる。

結びは再び〈父〉の家である。この〈父〉の〈気まぐれ〉が生み出す〈角力《すもう》〉の場面は、かかわりを一切避けていた〈父〉の心の中、〈父〉が〈私〉をどう思い、なぜ黙殺してきたかを見事に剔《えぐ》り出して見せてくれる。ここも、〈父〉と〈私〉とを上下二段に分けて、対応表を作ってみるといい。初め〈父〉は、〈私〉に対してあくまでも〈父〉であった。〈父〉と〈子〉の、遊びの余裕が生む、和やかなゲームであった。しかし〈角力〉は、ついぞかかわりのなかった〈父〉との関係を思う時、〈私〉にとっては事件に等しいものであったろう。理由もわからず、示されもせずに育った〈私〉にしてみれば、〈角力〉というかかわりが意味するスキンシップの行為は、かけがえのないチャンスでもあった。少なくとも〈私〉の存在をアッピールしたかった。兄妹と同じ一人の〈私〉がここに居る、と〈私〉は、全力を傾けるのである。〈父〉と〈子〉との、〈かつてない〉二人の関係は、ひとつのはずみで様相が一変する。〈勝負ついたよ〉という〈父〉。それはもはや〈父〉ではなかろう。〈角力〉が〈角力〉であるのは、これが単なる肉体相互のぶつかりあいという、スキンシップを語る行為のみを意味するのではない。〈角力〉は、勝負のゲームなのである。そして勝負である限り、そこにかかわる二人は、対等でなくてはゲームは成立しない。それは〈男〉と〈男〉の対決であった。何が〈父〉を〈私〉と対等の〈男〉としたのであろう。それは〈私〉の、〈体全体〉で示す〈自分〉の誇示にあったろう。〈父〉なら許せるはずの〈子〉のこの行為が、なぜか〈父〉には許されなかった。ことはここからであろう。〈父〉はついに、ことの意味のまだまったく見えてないこの幼ない〈私〉を、徹底的に〈降参〉させるのである。そこにある関係は、〈殺気立った顔付き〉と〈冷たい目〉でしかない。〈私〉はやがて、その〈父〉の冷惨な無視とその力とに対して〈我慢〉ができない。〈子〉らしく〈泣く〉のである。〈父〉がこの〈私〉に何を見たのか。それはむしろ〈祖父〉、つまり〈私〉の実〈母〉の不義の相手〈祖父〉でもあったろう。〈父〉と〈祖父〉、〈父〉にあったのは、まさに報復でしかあるまい。〈子〉には決して語ることの許されぬ、秘めねばならぬ事実であるからこそ、〈父〉の内面では激しく燃えたであろう呪いの怒り。〈父〉の表情に〈私〉が、〈一種の殺気〉を見る必然は十分にあったと見てよい。〈父と子〉から〈男と男〉、そして〈父と祖父〉という対決を語るこの〈角力〉の描出は、まだ語られていない〈私〉の生の秘密を、十分に暗示する。〈私〉には、絶対に超えられぬ得体の知れぬ深淵。この〈父〉との間にわだかまる不可解な暗部に対して、〈私〉が対決できるのは、結局は、〈悪意〉でしかなかったのである。

結末は、〈父〉が大人に返り、〈祖父〉は高笑いをする。〈祖父〉の、〈父〉に対する気配りと、そしてその場を取りつくろう照れかくしにしかすぎぬ〈笑い〉。しかし、〈頭〉を軽く叩いて〈ばかだな〉と言うそこには、実父としてのくり返し言うスキンシップの在り方もあろう。この複雑な家の中で、出生の秘密を背負って生きねばならぬ〈私〉。その人生こそ〈暗夜行路〉であり、〈私〉の名は「運命ニ身ヲ任セテ従順ナル男」、〈時任謙作〉と志賀は名付けているのである。

以上で一応読み了えた。書くことで、授業の補足も少しは出来たろう。残りは、初めに記してある、この作品の主人公が〈私〉であることの意味と、時間性、つまり、〈回想〉という時間の操作の作品内の独自性に対する私のコメントにある。

疲れてきて手がくたびれてきたから、簡潔に記そう。主人公が〈私〉であることから、〈私〉は「作者」か、という問いが生じよう。作者がなぜ〈私〉と書いたかということと、読者が〈私〉に何を読みとるかということに、大きな問題がある。作者が自らを主人公として〈私〉と書く時、〈私《わたくし》小説〉は生じよう。そして読者もまた、作中の〈私〉に作者を読む。しかし、それはほんとうだろうか。読者が自分の作品を作者自身と読む以上、その通りに生きるしかないとして、読者の眼差しに自らの人生の真実をそっくり捧げて死んだ太宰治という作家。太宰を読んでいると、だから〈私〉は太宰なのではない、という思いがする。ヨーロッパの「一人称小説」は、作者も読者も、一人の典型的人間を読みとる。君たちは日本独自という「私小説」をどれだけ読むのだろう。

もう一つは時間操作である。この作品の中で、〈私〉はいったいいつの時点に居るのか、ということである。〈六歳〉をひとつの場と定めつつ、だから、〈四つか五つか〉は「回想」となる。しかしこの「回想A」の中で、すでに作者は〈後年これを思うたび〉と、自らの時の位置――〈位相〉と言う――を変えている。〈私〉は〈六歳〉でありながら、同時に〈後年〉、いや、〈根岸の家〉の段では、〈二十年ほどして〉と記している。「回想」は、時を止めるものではない。刻々と明日に時を生き、日々時を昨日に押しやるのが私たちの生である以上、私たちは常に今日を生きつつつねに〈回想〉の形で過去を生きることができる。この作品では、「回想」の形で過去を記すことで、今日を生きる力としているのが、特徴とも言えようか。現在という、リアルタイムの眼で過去を選ぶ、その選ばれた過去こそ〈回想〉と呼ぶならば、〈回想〉は、つねに今日の時間の中に在り、明日に向かって生きてゆくものであろう。なかなか人生は多様なこと、と思わざるをえぬ。

さて、このぐらいにしようか。〈私〉にとっての〈父〉は、つねに一義的であった。つねに等距離に冷たく、しかし転じれば、それは残酷になる。〈母〉は違う。私は両義性と言ったね。このわずかな文章が語る、人間の、関係性の示す厳しさ。不可解さ。時にこうして立ちどまって文章を読むことも悪くない。そして多分、そういう「国語」の「読む」という営みは、高校時代だけだろう。私は高校教師だから、授業でその実務を君たちとともに演じている。それが「国語《こくご》教室」での勉強だろう。　――以上――

（昭和63年度　三年必修現代文　4・29夜〜5・18）

中原中也「北の海」を授業で読む

北の海

海にゐるのは、
あれは人魚ではないのです。
海にゐるのは、
あれは、浪《なみ》ばかり。

曇った北海の空の下
浪はところどころ歯をむいて、
空を呪《のろ》ってゐるのです。

いつはてるとも知れない呪ひ。

海にゐるのは、
あれは人魚ではないのです。
海にゐるのは、
あれは、浪ばかり。
（『在りし日の歌』）

「北の海」鑑賞ノート

何度も読んでみよう。荒々しく冷たく白く波立つ〈北の海〉の風景が思い浮かぶ。君たちが、そういう〈北の海〉を想像することができるとすれば、どこでそれを見たのか。私は全面凍る海を見て育ったから、それを知っている。北海道のオホーツク海を見にゆけば、それも冬に見にゆくと、この〈北の海〉は見られる。しかし中也はそれを見ているのだろうか。山口県育ちの中也にとって、むしろ〈北の海〉は、アンデルセンの童話などで育てられたイメージの中の〈北の海〉であったのではないか。〈北の海〉を実際に見ていなくても〈北の海〉を想像で思い描くことはできるはず。荒々しく、土色に波立ち、舟などは簡単にのみこんでしまう広大な沖合いの風景。

君たちは〈波〉を知っているだろう。寄せ返し寄せ返す〈波〉の動き、その繰り返す動きの様子を思い出すとよい。この詩の第一連と第三連の繰り返し——リフレーンは、その〈波〉の寄せ返しそのままである。〈海〉はその〈波〉の寄せ返しでいっぱいである。いや、その〈波〉の——中也はそれを〈浪〉と書いている。〈浪〉の方が波立つ意味を示す。その〈浪〉が〈海〉そのものである。中也は、その〈浪〉の波立つ荒々しく濁る〈海〉をながめている。その波立つ白い〈浪〉の、曇天の〈空〉の広大な〈海〉をみつめていると、時々ふと、その〈浪〉の白さの形状の中に、〈人魚〉の姿を見るような気がしてハッとするのであろう。しかし、何度みつめ直し、どこをながめまわしても、〈海〉は、そんな童話の夢物語りの世界ではないのである。あれは幻想だったのだと言いきかせる。幻想であったのだと思うことによって、よりはっきり〈人魚〉は、決してありえないものとしてイメージを明確にし、一方、現実の〈海〉にむかって、そんな幻想をさえ抱かせられる〈浪〉にむかって、〈あれは、浪ばかり〉と繰り返し叫んでみるのだろう。〈海〉は詩人にむかって、涯しなく波立って見せる。これが現実の厳しさなのだと詩人は切実に思うのだろう。〈人魚〉を見た気がするのは、自分の虚妄でしかないと思うのだ。だが、否定されればされるほど、心の奥で、その〈人魚〉のいる童話——メルヘンの世界を憧れ、一方で、その〈人魚〉の決して存在していない生の現実こそ、生きてゆかねばならぬ世界として認識する。その二つの世界を、限りなく往来する。往来することの悲しさや虚しさ、その苛立ち、それはいま見ているこの、あるいは心の中に想定しているこの詩の〈北の海〉の〈浪〉の無限の寄せ返しそのものなのであるというのであろう。その揺れに揺れ、あってほしいものの決して存在しない夢想の欠落した現実の中の自分の心。他の誰に語ってみたところでいかんともしがたいその荒寥とした悲しみ。中也にとって、その自分の心の風景こそが、この〈北の海〉の風景だったのではなかろうかと思うのである。〈あれは、浪ばかり〉の〈あれは、〉の読点に注意しよう。それは何度確かめてもそれはやっぱり、の気持ちだろうし、〈あれ〉は遠方の〈浪〉を指し示している。とらえて確かめることのできない遠さで、あっというまに〈浪〉は崩れてしまう、そしてまた新しい〈浪〉として現れる。〈です〉の繰り返し、〈ばかり〉の繰り返しは、この詩に物語風の、いわばメルヘン風のニュアンスを与えている。それは〈人魚〉のイメージにもある。第一連と第三連のリフレーンがイメージさせてくれるのは、こんな世界であろう。繰り返しが歌である。中也は、この額ぶちの二つの連で〈海〉を歌っている。〈浪〉は言わば〈海〉の表情である。〈海〉が荒々しく〈浪〉立っているのを、詩人は〈呪ってゐるのです〉とたとえているのが、第二連である。なぜ〈海〉は〈空〉を〈呪ってゐる〉のだろうか。それはわからない。みつめる中也に〈海〉が〈歯をむいて〉〈空を呪ってゐる〉ように、しかも〈いつはてるとも知れない呪ひ〉として見えているというのである。「ローレライ」の歌に〈呪ひ〉はあったろうか。呪うはずのない〈浪〉や〈海〉に〈呪ひ〉を感じるのは、それは詩人の心の中に〈呪ひ〉の情が渦まいてあるからじゃなかろうか。中也の心は、何かわからぬ〈呪ひ〉にみちていたのではなかったろうか。いや〈人魚〉のような、夢想の世界を思ってもそれは決してないという現実の喪失感に、絶望し憤り、怒り叫び、精一杯に荒れ狂ってみる。しかしそうしたところで、中也をとりまく〈海〉のような現実は、その切実な苦悩をあざ笑うように、ただただ荒々しく単調に〈浪〉立ってみせるばかりであるというのではなかったろうか。闘っても闘っても、なんという〈海〉のこのはてしなき〈浪〉の寄せ返し、中也は、心の底からこの現実——求めても求めてもすべて無く、すべてが虚妄——〈人魚〉かと思えば〈浪ばかり〉のような現実の裏切りに、ひたすら呪いつづけるのであろう。しかしどんなに中也が、この〈北の海〉の〈海〉そのもののように〈呪ひ〉つづけてみても、〈海〉は〈浪〉ばかりでしかない。そのことを中也は知っているかのようでもある。その〈呪ひ〉の一方でまた、どうしようもないことの虚しい悲しみを、童話風に繰り返してあきらめているようでもある。私は先に〈海〉を歌っていると書いたが、こう読んでくると、この詩で中也は、〈北の海〉を歌いつつ、自分の心の中の風景を歌っているとしか思えない。〈北の海〉はまさに、中也の心そのものなのである。苛立ちの深い、青春期の詩情そのものなのだろう。

なぜ〈空を呪ってゐる〉のか。〈海〉の上に〈空〉があるから、それだけなのかもしれない。ただ中也の詩をたくさん読んでみると、中也が〈空〉を、何か特に心ひかれていたと思うようになるほど〈空〉を歌っている。北川透という詩人は『中原中也の世界』(紀伊国屋新書)で

〈中原ほど、眼を見開いては、空を仰ぎ、眼を瞑っては空を想い浮かべる詩人はいない〉と書き、中也の抒情の根源を示す世界として〈空〉をとらえている。もしも〈北の海〉そのものが中也の心の内の世界そのものなら、〈空〉は何なのだろうと思ってみたりする。単調な、そして厳しい現実の前で、孤独に虚しくなっている詩人にして、呪わねばならぬのは何なのだろうか。人間の生の根源なのか。あるいは遠い処にはてしない処にあるかもしれぬ憧憬の生なのか。これはなかなかむずかしい。私は君たちに、そんな問をもちつつ、もう一度読み直してほしいと思っている。そうして、この詩のほかにも、多くの中也の作品を、いずれも声を出して読んでほしいと思っている。（一九七四年五月十九日）

芥川龍之介『羅生門』の読み方

1

小説も「文章」である。書き出しの一行に、作者が全力を集中することは、「小説」ではことさらの意味をもつ。君たちだって、他人との出会いの第一印象を大切にするだろう。

イ「時」はいつか。――〈ある日の暮れ方〉と芥川は語る。〈ある日〉という〈日〉は存在しないが、しかし〈ある日〉を私たちは心に想定することはできる。なぜ芥川は、「何年何月何日」と書かなかったかを考えよう。〈平安朝、二、三年洛中に天災の続いたと旧記にある〉時代の〈ある日〉が、この作品の〈時〉である。古来「物語」は、すべて〈時〉から書き出される。

ロ　なぜ〈暮れ方〉か。——〈小説〉である以上、「明け方」でも「夜半」でも、一日・二十四時間中のいつ頃にしてもいいはずである。芥川はなぜ〈暮れ方〉に時間帯をセットしたか。昼から夜へ、明から暗へ、その転換を示す、いわばターニングポイントとしての間の時。しかも戻ることのない一方通行の時間のヴェクトル。〈夕闇〉から〈黒洞々たる〉〈夜の底〉へ、当然、時は流れる。いったい「闇」とは何か。君たちの生は明るいか。

ハ　〈下人〉はなぜ〈二人〉と形容されるのか。——君はいま、「高校生」か、それとも「一人の高校生」か。〈一人の〉とあることが、十分に意味をもつことを考えよう。芥川はここで〈下人〉一般を書こうとせず、また何の誰兵衛ではなく〈一人の下人〉を書いている。君たちはこの作品に、〈一人の〉人間のあることを読みとっていけばよい。なぜこの〈男〉は「貴族」ではなく〈下人〉なのだろう。学んできた日本史の知識が、あるいは、社会科で学んだはずの、階級的社会構造への目配りが、「読み」の深さを決める。

ニ　「所」は〈羅生門〉である。——平安京メーンストリートに通じる壮大な楼門である。〈門〉は平安京の内・外を截然《せつぜん》と区切る。入るか出るか、通過空間であり、しかもその方向の選択において二者択一を迫るこの〈門〉の意味の読みとりが、何よりもこの作品では重要である。成城の高校が〈門〉を持たない学校空間であることも、一度考えてみよう。「一貫校」

なることばにも、その通過儀礼がない。どうすれば、〈門〉のないところに〈門〉の意義を見出すことができるだろうか。本来「羅城門」を芥川はなぜ〈羅生門〉と書いたかということもあるが、それは問わない。ただ、日本史を学んできた君たちは、そこに「オヤ？」と気づいていい。「小説」は、ことばが描くフィクション。ことばは文字である。十分に眼をあけて見よう。頭を使うのは、そこから。「タイトル」を読む、ということも忘れぬように。城門のない都市「東京」。鍵のかかる個室を持たなかった木造家屋の構造とよく似たこの現代都市「東京」。君たち、心の門は定かにあるか。キーを誰かに握《にぎ》られているぶざまさは困るぞ。

ホ　〈下人〉は何をしているのか。――〈羅生門の下で雨やみを待っていた。〉とある。〈門〉の〈下〉とはどこか。軒下も欄干《らんかん》の所も、あるいは通路も扉のそばも〈下〉である。〈下〉とはどこか。また、なぜ〈雨やみ〉か。〈雨〉がやめば、〈下人〉は、いそいそとデートにゆこうというのか。着飾ったオベベが濡れては困るので、雨やどりの最中だというのか。どんな気持ちで〈雨やみ〉を待つのか。この〈雨やみを待っていた〉の一行は、事実を記しているにすぎない。当然、文章の展開としては、つぎにこれらの問い、読者の疑問に答えてゆかねばならぬ。「読む」とは、文章に即して「問い」を持つことである。その「問い」に気付く眼の働きが「国語力」の基礎である。大丈夫かな。

2

芥川の『羅生門』——私はこの作品を何度授業で扱ったろう。今回の教育実習に来た諸君たちの一年時にも、この教科書で教え、作文にこの作品末尾に続けて〈下人の行方〉を自由に書かせ、作文集に何篇かを載せたことも記憶にある。教生の諸君に「読み方」の基本を話したり、授業を見たりしながら、今年の授業のやり方をあれこれ考えていたのだが、結局、導入のところで、全く新しい方法を試みてみた。一つは「表題を問う」という今までも他の文章で試みた方法と、もう一つは舞台演出の視点の導入ということであった。

成城の高校には〈門〉が無い。したがってそこに和辻哲郎風にとらえる意味でも「ウチ・ソト」についての感覚を欠いている面のあることは、成城の人となって以来いつも話題にし書いても来た。誤解のないように付記するが、〈門〉を作れなどとひとつも言ってはいない。〈門〉がなくても〈門〉を意識する自由な精神の働きが極めて高度であることと、無ければ認識も欠くという平凡な現実にさえ気づかなくては、他人の思想の表現である文章は読めん、という指摘をしているにすぎないのだ。そうして、そのことを気づき思索する君たちであらんかと、呼びかけているにすぎないのだ。『羅生門』も〈門〉である。団地住居には初めから〈門〉を欠く。開かずの〈門〉である法隆寺の中門の話はしたね。漱石の小説『門』のことも少し触れたね。

天安門ではない〈羅生門〉であることで、平安京のある時代小説であること。そして、羅生盆地でも羅生通りでもない〈門〉であること。つまり王朝人はこの〈門〉を通って洛中から洛外に、洛外から洛中に通う、まさにその内と外との境界が〈門〉であり、〈門〉が洛中でも洛外でも門である限り、そこで人間は生活できないという中間の場であること。〈下人〉が洛中から〈雨やどり〉でここに来ているなら、どうあっても洛中に戻るか洛外へ去るか、その二者択一を迫られている場にいること、そのことを「橋」の意味することを踏まえて話をしたことを思い出してほしい。生か死か、善人か悪人か、そうした二つに一つの生きる岐路、分かれ道こそが〈門〉なのである。とすれば〈下人〉にとっての〈羅生門〉で選んだ〈黒洞々の夜〉とはいったい何の象徴なのか。表題に十分テーマの暗示があるもの。それが文章の世界である。作文題の出し方に私が工夫を凝らしているこの意味も、これで分かってもらえよう。

本文に入る。〈ある日の暮れ方のことである。〉〈暮れ方〉か、と思う。明から暗への境界の時間を〈暮れ方〉と言う。〈下人〉がそこで思案にくれているという設定。〈門〉が空間的なら、〈暮れ方〉もまた時間的に見事に〈下人〉の思いのたゆたう状況を表現している。これが芥川の意図であり、小説の基本の読み方である。いたずらにやれテーマだ、芥川の文学だと論じ合うのは、決して小説の読み方の基礎じゃない。まず、何を書いているかが正確に読める平凡な眼の力を、私は君たちには育てたいと思っている。〈ある日〉の出だしについては授業で触れたが、ここは省略しよう。

主人公は〈ひとりの下人〉が、〈雨やみを待つ〉姿を、私たちは〈暮れ方〉の薄暗い古都の不気味な二層の門の下に思い描く。腕組みでもしながら、寒そうに濡れて貧しげにひげだらけの顔を、雨雲に向けている姿を。そして、何が〈下人〉によって展開するのかという思いを私たちは一様にもつ。これが小説家の表現の巧みさなのだよ。

私はそこで、舞台の幕あけの様子で整理した。客席も舞台も暗いのに、開幕のベルと同時に、舞台の中幕に京の山脈《やまなみ》が茜《あかね》に染まる夕映えの空の下にくっきり浮かび出てくる。そしてその夕空を、近く鴉が無数に羽音をたてて舞い飛びすぎてゆくのが映し出される。しかしその空はやがて徐々に紫から暗さを増し、夕闇に近づくにつれて山脈の前、左手に古い門柱が見え出し、その下あたりに屍体がゴロゴロあって鴉が死肉を食っている様が見えてくる。そして空が暗く闇の中に山脈とともに消えてゆく時、舞台前面の道路に、鴉の糞が点々と蛍光塗料か何かで白く光り出し、すぐ消えてゆく。やがて舞台は一瞬、客席ともに暗闇にもどり、今度は客席の後からステレオを使って激しい雨音が徐々にザァーッと通りすぎ、舞台で止まり、その雨音の中で、舞台全面に羅生門がある、門の後方にはさびれた洛中のさびれた風景が広い朱雀大路の、ちょうど原爆や大空襲の跡の写真を思うように遠望される。そうして左手の門柱の一部にスポットがあたって〈きりぎりす〉が一匹映し出され、逆に右の門柱のたもとに、〈ひとりの下人〉が、フットかサスペンションのライトで浮き出しにされる。仏壇を使った「マクベス」演出などを紹介しながら、私風の舞台設定からまとめに入ったのが、ここの「読み方」だったな。わかりやすかったと思うが、どうだったろう。これが小説である。そう書いてある。だからこれも、そういう小説のひとつの読み方である。読み方はほかにあっても、私がいま、ひとつの読み方によって描いてみせたこの第一段落の風景は、まさに作者が描いてみせてくれている風景であって、それは他に読み方はない。一つの風景である。ドラマ風に読むか、音楽的に読むかの自由はあっても、作者がここに書いてもある風景は一つしかないことを、ぜひ注意したい。どう読んでもよい、はここに無い。

死の世界

さて、鴉は死屍に群がり、空に黒々とした点で飛びまわり、大地に、その死肉を食った糞（死屍のカス）をばらまく。羅生門はまさに一つの死の空間である。死者に満ちたこの〈門〉という世界に、ひとりの生者〈下人〉は、もう一つの生命ある〈きりぎりす〉とともに存在する。小説は虚構である。なぜ作者はここで、〈きりぎりす〉だの〈下人〉の〈大きなにきび〉だのを書くのか。舞台で言えば何もない舞台に演出家がいろいろ小道具を、その芝居にふさわしく置く。意味なきものは、観客からみて不自然である。とすれば、この二つに作者が記した意味は何か。それがまたひとつの、誰もが気づいてよい読み方の眼になる。そこに気づかない者は、自分の心にも気づかないことになる。怖ろしいね、全く。ただ、その二つの小道具を、気づきつつ重視しないという立場をとるなら別である。つまり気づかぬ不自由に、自分の読み方の自由は宿らないことを知ろう。ここで一つ、授業で触れていないことだが、読める者は必ずひっかかる問題をひとつ示しておこう。それは〈死の世界〉という言葉の意味だ。〈死〉で満ちていると言うが、この羅生門は、死者を大切に葬る、〈死を受け入れている世界〉ではない。むしろ〈死〉は、ただそこに葬られることもなく放置されていることで、つまり死者は死者らしく手あつく扱われていないことで、人間の世界が、死も生もほとんど区別がつかなくなってしまった混沌たる状態であることがここに描かれているということだ。人間は自分一人一人の生きることに精一杯で、〈死〉を考えることは〈生〉の意義を問うことになる、そういうモラルが全くなくなっている世界を、芥川はここで描いているということだ。大仰に言えば、人間は〈死〉さえも死ねない以上、ひたすら〈生〉の世界で蠢《うごめ》くほかはない。こういう理屈はわかるか？　わかってほしいからこうして書くんだ、ということだ。ともかく、この〈死〉にかかわるモラルの崩壊のことは、一応、〈なぜかということ〉以下に、実に見事に論理的に記されている。『方丈記』を知る者を念頭に、四つの天災がもたらした京の街中の荒廃を描き、町並の荒廃を前にむしろ戦時中、人々は「鬼畜《きちく》米英撃ちてしやまん」とモラルを高めていた事実のあることをここで話をした。次の先祖を敬い、仏神を頼みにするのが乱世のはずなのに、それすらも生活の糧と化すほど、魂の、精神の、心の底からの荒廃の様を作者は記す。〈狐狸〉から〈盗人〉、そして〈死者〉を記して、それ故の無人の羅生門をえぐり出してゆく表現力、と思う。

次に行こう。なぜ芥川はここで〈作者はさっき〉と小説の中に〈作者〉を出すのか。それは〈だから〉以下が書かれることで理由は歴然である。この小説が心理小説であることを読者に認識させるために、作者自らが登場する手法である。小説は何よりも登場人物に焦点があたり、彼が何を考えているかと、作者は〈下人〉の心の状態をレントゲンで透視してみせるのである。〈「下人が雨やみを待っていた」〉が書きたい世界ではないとし、まさに〈下人〉の〈途方にくれた〉心理こそ、書こうとしていることがらであると気づかせるための導入の仕方の巧みさ。しかもその〈下人〉の心情は〈下人〉の〈Sentimentalisme〉によるという〈作者〉の説明は注目しよう。〈平安期〉にフランス語の結びつきは何を意味するか。芥川がこの、日本の古典に題材をえたいわゆる歴史的で、結局は現代人（芥川時代の）の人間に共通する魂の内部に蠢くものを書こうとしていたであろうことを、知るべきであろう。同時にこの語は、〈下人〉の極めて情緒的な反応の仕方をも、人間の生き方の上で語っている。私は授業で〈どうにもならないこと〉を一つの極限状況認識とまとめた。にもかかわらず、この死の世界にも当然〈下人〉は居られない。つまりそこに〈どうにかしようと〉する気持が働くのもまたしごく当然なのである。〈雨は羅生門を包んで〉以下の二行は、あくまでも雨雲の重苦しい自然描写でありながら、〈どうにもならない〉〈下人〉の〈途方にくれた〉暗い未来を端的に示していることも十分知っておこう。心うれしく楽しさを感じる時、人はどこからか聞こえてくる楽しみの足音、時の足音を聴くものではないか。〈雨の音〉も同じである。ただ、それが全く逆の、〈下人〉の心理描写であるのはいうまでもない。
〈どうにもならないこと〉さえ、言ってみれば論理矛盾である。だから〈どうにもならない〉と認識し判断するごく普通の思索の平面からは、一歩踏み出さないと、つまり、普通の世界でのあれかこれかや、あれもこれもではにっちもさっちもゆかぬ時、人は今までの考え方とは違う次元で考えるほかなくなる。〈手段を選ぶ〉は、そのごく一般的な場での何をして生きようかといった〈何〉のことである。しかし作者は言う。〈選んでいるいとまはない〉、このままなら死ぬかもしれぬ、と思うのである。そうすれば、この〈死か生か〉の二者択一は、必然的に〈生〉における二者択一、〈盗人〉か〈死者〉かが問われることになるわけである。ここに次元の異なる二者択一のあることは授業でていねいに板書したね。

人間には生命を賭しても自分の倫理を守ろうとする意志はある。それほどに、つまり、生死のレベルを越えて、人間らしく生きようとするモラルが、あるいは思想や生き方が強く存在し、それに支配されることがあるものだ。どれほどこの〈下人〉が他の仕事を探し求めたかはいっさい得られぬ以上、そう簡単に〈下人〉の生か死かの二者択一には応じかねる気もあるが、ともかく小説なのだから書いてあることだけを限定して読んでゆくと、この〈下人〉ははじめから〈死〉を選ぶつもりは無いようである。生きていきたいけれども、生きていけないのは何も〈下人〉の意志ではなく、偶然に出会ってしまった世の中の荒廃でしかない。それほど主体的に生きてきたようにも見えない〈下人〉は、その〈下人〉の者の範囲内で、ごく平凡に、〈生〉、何とか生きていくしかないと考えているのであろう。さほど才覚がないからこそ、思いつくのは〈盗人〉なのだろう。しかしだからと言ってこの〈下人〉を嘲《わら》うことが私たちに出来るか。会社の倒産や人員減らしという不況の中で、いきなり解雇《かいこ》されて途方にくれて明日の生活もおぼつかない人は多くいるはずである。ともかく〈下人〉は、死ぬつもりは全くない。〈明日の暮らし〉を何とかしようと思うのみである。しかしそれには盗人になるほかないという。またほかに、などと考えてはいかん。作者がそう書いていることを忘れぬようにしよう。しかし〈盗人〉はしてはならぬ悪だとこの小心者の〈下人〉は知っているのである。戦後、判事さんで闇米は食えないといって餓死のように亡くなった方がある。いくらなんでも盗めないよ、と思うのは、常人の神経だろうよ。芥川はこの決心、つまり盗人になること、つまり、悪のできない倫理観を捨てる覚悟、それを〈勇気〉と書いている。

勇気ということ

〈大きなくさめ〉を合図にして、〈下人〉はゆっくりと行動に入る。何ひとつ動きのない、ひたすら雨音のみに支配されていた冷たい死の世界に、ここでつとめて、生命あるものが動き出すのである。ふと気づくと〈きりぎりす〉は居ないと作者は書く。静かにひっそりと動かぬ世界だからこそ一匹の〈きりぎりす〉は、柱にとまっていたというのか。動きの生まれた世界に、〈きりぎりす〉は用がなくなるのである。行動する場面の到来を〈きりぎりす〉は端的に暗示している。〈ともかく夜を明かそうと思った〉と作者は書く。

作者は一気に、死の世界の異常さを描いてゆく。そのためには、今までのように、〈下人〉の心の中にカメラを据えてじっくり心理の描写をしてはいられない。いったん読者を〈下人〉の心の中から外にひき出す必要がある。〈ひとりの男が〉という書き変えは、その効果がねらいである。

〈ねこのように身を縮めて〉、この小説の中には、これからしばらく動物が比喩で用いられる。それが何を意味しているかも一つの読み方である。しかしいずれにしても、この〈ねこのように〉には、まさにねずみに飛びかからんとする野性の猫の姿を思い出される。ネズミを捕る猫——そこにやがて〈盗人〉になる〈下人〉が暗示され、〈下人〉が意識下の世界では、野性に満ちた荒々しい情念とか、たくましい生命力とかを十分蓄えていることが証明されている。やがてそれが力になって息をつき始めるのはいつか？　炎のあかりが揺らぎ、その炎に映し出される壁の影。影だからこそ何ものとも思われぬが、炎の揺れは確実に誰かがそこに居ることを語っている。〈この雨の夜に、この羅生門の上で、火をともしているからには、どうせただの者ではない。〉という表現は、いったん〈下人〉の心を離れて〈下人〉の姿を遠く眺めやる風景とした読者の眼を、もう一度〈下人〉の眼になって読者をしてその異常に揺らぐ炎の影に吸いよせる。しかし考えてみよう。この誰かわからぬ人間が〈ただの者ではない〉ならば、〈下人〉、お前だって〈ただの者〉ではないのだぞ、ということは忘れぬようにしよう。そうして、この時の〈下人〉の心には、かつて、ついさっきの生か死か、いやおのれの悪を許せぬ勇気のなさ、その心のわだかまりなど、どこにも見られないということである。言わば、ごくごく普通の、しかも普段の〈下人〉の日常性がもどってきて、そこでの平凡な好奇心にとりつかれている、と見てよかろう。誰だってこんな時は、半分怖ろしく半分見たい。私はそういう心のあり方をニュートラルな精神状態と言ったね。

ここからは、〈下人〉の心の変化を中心に読んでゆくことだ。心の状態を示す表現をごく平凡に四角で囲い、結んでゆくことだ。それが読み方の原則だ。

〈普段の下人の日常性がもどってきて〉と書いたことについて。ここは注意がいる。〈この上にいる者は、死人ばかりだとたかをくくっていた。〉とある。ここは考えどころ。私は、〈下人〉にとってこの死体のある風景はすでに日常であったと読んでおく。この小説で重要なのはどうやら、生か死かではなく、自分自身、一人の〈下人〉にとっての〈勇気〉の問題だと。

死体の描写のたんたんとした客体写生は、死体が決して〈下人〉にとっては恐怖感覚なく事実としては彼の外にあることを語っている。彼自身の生きること以外、〈死〉は関心にもならないのではないか。

〈恐る恐る、楼の内をのぞいた〉彼を襲ったのは、まず死屍累々たる状態であったが、〈下人〉が感じたのは、死体の臭気である。しかし、それも〈さるのような老婆〉の発見で消えうせてしまう。〈息をするのさえ忘れて〉いる。身も心も奪われてしまう状態だろう。しかし徐々に〈下人〉の心は落ち着く。この辺からむずかしい。スローモーションのように一本ずつ髪の毛を死者の頭から抜く老婆。その行為をみつめているうちに〈下人〉の心の中が落着いてゆく。〈六分の恐怖と四分の好奇心〉から〈恐怖〉が消えて、〈少しずつ〉〈この老婆に対する憎悪〉が頭をもたげてくる。しかし作者は〈あらゆる悪に対する反感〉と言いかえる。それは、〈この老婆〉という特定の人間の問題でも死体を傷つける行為でもなく、すべての〈悪を憎む心〉であるとする。いわばこれもまた〈下人〉の〈Sentimentalisme〉が刺激されて起こった〈下人〉の〈憎悪〉感であることは確かであろう。はたして〈あらゆる悪〉などというものが何を言っているのかわかるか。戦時中はどこの国でも殺人力こそ勇気であり勲章を与えてくれた。戦えない者は、弱いということで悪であった。

〈合理的には、それを善悪のいずれにかたづけてよいか知らなかった。〉つまり老婆の行為が、論理的に善なのか悪なのかの判断は全くできなかった。ただ〈この雨の夜に〉以下の理由で、〈下人〉には許せなかったのである。ここでこの〈下人〉を、平常心を持った人間と読むか、いまなお、倫理感を荒廃させていなかった人間ととるか、それとも理由も確かめない〈下人〉の判断を激情的、衝動的で単純ととるか。単純だから正直とみる見方はあろう。しかし、どんな場合でも、まして〈ただの者ではない〉と自ら判断した状況認識を限度にするなら、よくよくのこととして、何のためにするのか冷静に見つめようとするのが、正直な人間のすることと思う人だって君たちの中に居るだろう。アンデス山中の墜落事故で生きながらえた人たちは、死んだ仲間の肉を食べていたことが報じられている。人間は人間の肉を食ってよいかどうか、安楽死を認めて母の苦しみ、殺してくれの願いを息子は許せるか。ここでの〈下人〉の〈憎悪〉をどう読むかは、そう単純でない。また、こういうミステリアスな環境の中だからこそ、許してはならぬとする考えもある。しかしとも芥川は書いている。〈梯子から上へ飛び上がっ〉て〈おのれ、どこへ行く。〉と〈ののしった〉。〈ののしり〉の根底には、自己の判断を正しいとする者の裁きのひびきがある。かつての、自己自身の行方も決めかねていた〈下人〉の何というヒョウ変。何がそうさせたというのか。詮索すれば〈太刀〉を質にもいれず売りもせずに所持しているのはいささか理に合わぬのだが（つまりまだそこに金をえる手段はあったろうに）。ともかく、いったん強者として裁く者となった〈下人〉は、〈太刀〉をふんだんに活用する。自分の生死も決め兼ねた〈下人〉が一人の老婆とは言え、他人の生死を左右する権限を手にした時、〈下人〉はどうしたか。〈憎悪〉は冷却してゆく。対等ではないと知った時とは、つまりお互いの間が、たとえ生か死かであれ、あるいは倫理観であれ、それを中にして緊張関係にある時、人間はみな、ごく平凡に自分自身にかえるのだろう。自分を棚上げして相手を説教したり、たしなめたり。しかし弱者と知ってその間の緊張感を欠くと、いちずに燃えたものなど忘れてしまう。この弱者をどう扱おうかというゆとりが出来る。何とでもできる状態にあると知った時、自分の思っていた通りにことが運んだ——実は考えてもみなかったのに——気がしてくる。こうなるのが当然だったことを自分がしていたような気がする。〈見おろしながら〉という強者の立場（さっきは階段の途中から上の炎を見ていたが、いまは上から）、そして〈声を和らげて〉というゆとり。恐怖も憎悪も消えてなおかつ残っているのは、いったい何をしているのか、このババアといった〈好奇心〉だった。しかしそれを問い正すのに、正確なことを言わせる配慮を彼は考える。自分のことさえ決めかねていた〈下人〉というのに。しかし、他人のことの方がわかるということもあるのかもしれぬ。「警察じゃないから、君の今していることをとがめる権利はないのだから心配しなくてよいよ。また、この土地の者じゃないから、決して君のかかわる人に誰にも言わないよ。密告なんかしないからさ。要は私は、君がなぜこんなことをしているか、一寸聞きたいだけだ」

なぜ悪かももう問題ではない。あるのは、なぜという自分自身の関心だけだ。冷静になった〈下人〉には、それだけが残っている。それに対する〈老婆〉の〈田舎鳥のような、鋭い眼〉〈鴉の鳴くような声〉は、まさに死屍に群がる冒頭の〈鴉〉の描写を思い出させる。死屍を食いものにすることにおいて、〈老婆〉も〈鴉〉も全く同一であることを知ろう。

この小説の見所はここからであろう。冷静な二人の、いや、冷静なのはやはり〈下人〉か。〈老婆〉の答に対して〈下人〉は、その〈平凡〉さに〈失望〉する。なんだ、そんな単純なことか、と。異常な状況の中でのあの恐怖の中で育てた好奇心の実体が、こんなことか、と。ここで彼に持続していた〈好奇心〉は単純に消えてしまう。変わりに顔をもたげるのは〈前の憎悪〉と〈冷ややかな侮蔑〉であった。「コンナ平凡ナコトノタメニ死者ヲ凌辱《りょうじょく》スルコトハ許サレナイナ」という、じわっと湧《わ》いてくる〈憎悪〉と、「コンナ悪ヲ、ソンナ平凡ナコトノタメ、ツマラヌコトノタメニスルナンテ、ナントツマラヌ努力」といった〈侮蔑〉の眼差し。馬鹿にされ、非難されているということは、自然〈老婆〉に伝わるものであろう。〈口ごもりながら〉こう弁解する。〈老婆〉の言葉は、今昔物語の老女の言葉を借用して芥川は書いているのだが、ここで話されるのは、繰返される〈せねば、飢え死にをするのじゃて、しかたがなくしたことである〉によって極めて単純に示される自己の行為の正当化であり合理化である。〈せねば飢え死にをする〉、私たちはこの言葉をすでにこの作品冒頭の〈下人〉の〈勇気〉の記述のところで出会っている。まさに〈下人〉が割切れなかった悩みを、この〈老婆〉は実に極めて明解に断じている。もちろん〈老婆〉は、自らのしていることが〈悪行〉であることを十分承知している。この会話は本来〈下人〉に対しての釈明のはずが、どうみても、毛を抜いた死体の女に対する弁明でしかない。生きねばならぬ限り許されるはずとするこの老婆の会話は、女への弁明を底辺にもつから遂に彼女の本質が語られている。単なる言いつくろいでない本音であるからこそ、それは真実味を強くもつ。何という〈下人〉に対する無防備さよ、と思う。

いよいよ〈勇気〉のところに来る。もう十時。いささかならず疲れてきた。しかしここからだから、ね、この作品の真価は。〈勇気〉が湧いてきたという。〈さっき門の下で、この男には欠けていた勇気〉とは積極的に〈盗人〉たらんとする〈勇気〉であり、〈この老婆を捕えた時の勇気〉とは〈あらゆる悪〉を否定する正義感である。〈おれもそうしなければ〉という〈勇気〉――、〈下人〉はここで初めて生きる力となる理を見出す。いや〈死〉など本文にもあるように全く意識になかったろうから〈生〉もなかろう。ただ、これで今までふんぎりのつかなかった〈勇気〉に〈勇気〉を与えることができたのである。それはおのが〈悪〉を他人の悪によって許すという論理によってである。〈老婆〉の理を逆手にとっている者、下人。

あとは「まとめ」のみにしよう。

〈きっとそうか〉の確認は、老婆に対する「老婆の論理」の確認でもある。しかもその確認は、〈あざけるような声〉でと本文にある。〈一歩前に出る〉はまさに途方にくれていた自分自身から一歩自己解放の道へ歩み出す〈勇気〉を獲得したことを意味しよう。それは〈にきび〉によって見事に象徴される。ここでの〈にきび〉の描写は四度目になる。はじめて彼は〈にきびから手を放す〉。〈にきび〉はもちろん〈下人〉が青年であることを示すとともに、何よりも〈気になる〉、常に気にしているものなのである。なぜ、どう気になるのか。君たちは何をする時でも気になる自分の欠点というものをもっていないか。それがたとえば、手の動かし方であったり、あるいは眼の見方、みつめ方――すぐ疑っているような目つきをしてしまうことなどを、母親などに注意されている、といったことはないか。他人からすれば何ということもないことを、やたらに苦にするといったことは、誰にでもあろう。〈にきび〉とはいわばそういった「自意識」の象徴だと思えばいい。小心者の〈下人〉の、いつも、正義感に炎《も》えようが途方にくれようが、気がつくと〈にきび〉に手をやっているといったしぐさを芥川は書きこむことで、コンプレックスとは言わないまでも、常に世間体を気にしている時の自分自身へのわだかまりを書いているのである。〈不意に右の手をにきびから離して〉は、明らかにその自分自身へのこだわりからの解放、自己解放というものを示している。他人を気にせず、また、モラルにとらわれることなく、自分がいま、こうと信じこんだことに一直線に行動してゆける主体的な決意の表現でもある。〈おれもそうしなければ〉の〈下人〉の言葉には、どこにも逡巡はない。彼はここから一気に〈盗人〉となる。〈引《ひ》はぎ〉をし、〈またたくまに急な梯子を夜の底へ駆け降りた〉。あれほど炎《も》えた彼の正義感など全く嘘のように彼には無い。〈さるのような老婆〉の、この晩秋の京都、死者に埋まる夜の羅生門上でのむき出しの裸体を見る様に、〈下人〉の行為の卑劣さや非情さや醜悪さを思わぬものはあるまい。ふと思うのだが、生きる力さえ決心できなかった〈下人〉にとってみれば、この老婆こそ生きる力を与えてくれた恩人にはならなかったのか。違うのだろうか。いよいよテーマに近づく。いったいこの〈下人〉は悪人なのか？〈引はぎ〉をしたから悪人だろうとはいくら君たちでも言うまい。もしもこの〈下人〉を、この段階で悪人と言えるなら、老婆の論理を自己正当化の論理としてそっくり頂戴して、恩人でさえある老婆を窮地に追いやるような〈引はぎ〉をする、この〈下人〉の卑劣さを、悪と見なすことはできよう。いっこうに自分で自分の決心をつけかね、自分の主体性ではなく、他者の理を借りてちゃっかり生きてゆく男。そこに〈下人〉による「エゴイズムの合理化」を見る人はたくさんいる。生きんがためのエゴの正当化。老婆の生き方は、彼女自身の生活の中から着々と身につけた現実的な生の論理を示している。そこに確かな現実に根を下ろした生活人、現実的行動者としての庶民の姿を見ることはできよう。それに対し、自分の中ににきびのように気になる自我があって、論理として納得しないと行動さえもとれない、勇気の出ない知識人たち、頭の怪物の、極めてエゴイスティックな、自己本位の生き方が、〈下人〉によって描き出されていると読むことも十分できよう。〈引はぎ〉とはうまくしたもので、いわば老婆の理は下人の生き方に被せられた借り着のようなもの、とってつけたような衣裳のようなもの、つまり借り衣裳なのである。やがてこの下人は、自分のしたと同じように、自分より強い者に出会えば、老婆と同じに身ぐるみはがされるかもしれないであろう。

作者は〈夜の底〉と書いた。〈夜の闇のなか〉としていない理由は何なのだろう。〈底〉は何か、落ちこんでゆく最も下の部分というような意味を語る。もはや迷う心なく決意して〈引はぎ〉となった下人の行方は、文句なく悪の底辺に向かって突走っていったということか。それに対し、老婆は、うめきながらも見る人、見下げる人として〈黒洞々たる夜〉を見下ろす。下人ごときには征服できないしたたかな強者〈下人老婆〉がここに見えないか。みずからの論理をもののの見事に逆手にとられた無念さは、絶対に、常に下人をみつめる者として、この〈夜〉に対峙するかのようである。〈黒洞々たる夜〉とはなぜ〈洞々〉なのか。悪に満ちた人間の未来を、どこまでも落ち込む深い穴の形容をもって示しているのかもしれぬ。もう二度と戻ることない末路として。ちょっと考えてみよう。この〈黒洞々たる夜〉とは〈門〉の内なのか外なのか。〈下人〉の行方とはいったいどこなのか。私にはそこは〈門〉の内外を超えた、どちらでも構わぬ世の暗闇と見える。二者択一で彼は〈盗人〉をとった。それはたしかに悪だろう。だから悪を〈夜〉とすることは十分できる。そう読んでよい。しかしこの作品は、そうした倫理小説ではない。老婆によってはじめて下人が自分の本来の野性に気づいたことを書いた小説とも読める。君たちはどう読んだろう。

主題のこと

主題は何か。「この下人の心理の推移を主題とし、あわせて生きんが為に、各人各様に持たざるをえぬエゴイズムをあばいているものである。」というのが吉田精一氏のスタンダードの解釈である。この三省堂教科書で『羅生門』を担当した広島大の深萱《かや》さんは、どんでん返しのおもしろさに言及しつつ、ほとんど同じ読み方だろう。あるいは、法政大の駒尺《こましやく》喜美さん（『悪女の論理』の著者）は、「善と悪とを同時に併存させる矛盾体としての人間そのものの提示」と見ているし、東大の三好行雄氏は「悪が悪の名によって悪を評すという世界を描き、倫理の終焉する場所としての虚無の世界」を書いたと読んでいる。かと思うと筑波大の平岡敏夫さんは、「羅生門という舞台にすべて包括される耽美的、反日常的、情緒的な世界そのものがこの小説の主題である」という独自な読み取りをしている。

典拠のこと

この作品が『今昔物語』の巻二十九「羅生門の上の層《こし》に登りて死人《しびと》を盗みたる人のこと第十八」と、巻三十一「大刀帯の陣に魚《うお》を売りし媼のこと第三十一」の二つの古典を典拠として芥川が書いたことは有名であるが、内容はずい分変わっている。この外に東大の小堀桂一郎氏が、昭和四十三年にフランスのフレデリック・ブウテェの短篇「橋の下」を森鴎外が「三田文学」に大正二年十月号に訳していることから、その作品に主題を負うているところ大という指摘をして注目されている。芥川が何を書こうとしたかを探るとすれば、当然これらの作品との関連を調べることは出てこよう。それが本格的に読むことである。友人や恋人が自分に納得できぬことをした時、たぶん我々は、なぜそんな、といっていろいろ調べたり確かめたりするだろう。同じことである。しかし、高校一年生で読むという時にはそれは不要である。一つの完結した作品を自分の眼でじっくり読むことだ。そうしてもう少し知りたけりゃ芥川のその他の歴史物で関連のある「鼻」「芋粥《がゆ》」「偸盗《ちゅうとう》」といった作品はまず読もう。

結び

さて結ぼう。私はいったいこの作品に何を読むか。私は芥川は、『今昔物語』だの『橋の下』だのを借りつつ、彼がこの作品で描いてみせたのは、弱者が強者になってゆくその心理過程を描くスタイルを借りて短篇小説というものを書いてみせたかったのじゃないかと思っている。いつも、うまいなあ、と思いつつ、どこかで軽いなあともいまは感じている。それは三年生で『源氏物語』という見事な小説（物語）を読んでいるからかもしれぬ。

第三章　文化としての「国語」

「作文」の思想 ――その現代的意義

「作文」の自史を問うて

「作文」とは文章を書く営みのことです。当然ではないかと言われますか。私はこの頃、そういう当然と考えられている日常のことがらについて、問い始めています。他人のこととか一般のことを問うのではありません。私自身のこととして自らに問う、私のことばで私の仕事の日常を解説してみようとしているのです。その時、国語教師である私の三十数年の仕事の歩みの中の「作文」は、必ずしも一様の姿をしているわけではありません。というよりも、ずいぶん様変わりをしていることに気付きます。「作文」について、特にその現在的意義を問うてほしいという要請がありましたので、「作文」についての私なりのヒストリーを記してみようと思います。

中高生の時の私は、「作文」を書くのが好きでした。文芸部にいて詩を書いていましたから、原稿用紙に向かって好きなことを書くことは無上の喜びでした。書いている私の喜び、そのおもしろさが「作文」という行為の総体でした。すでにダダやシュールの詩や絵画を知っていたのですから、文字のトポロジーの操作を無意識の世界で融合させる、エリュアール風の〈内縁〉の自在さに遊べるのも、文章の上だけでしたから。ということは、読み手が一つも私の頭になかったということです。

大学を終えて高校の教師になった私の「作文」は、生徒に書かせる営みになっていました。「国語」の中の評価対象となる作業課題であり、教師の私は、提出された作文を、読み、評価し選別し、その上で時に批評を語ったり書いたりする。その営みの総体が「作文」となりました。生徒たちは、一様にとやかく言いながらも、自らを語り生活を綴り、書物に分け入り社会を論じてくれましたから、その熱っぽい言葉の森の中に誘い込まれて、私はいつも面白がりつまらながり、提出された作文について書いたり語ったりしていました。私が私自身に基づいて書くという営みは、極めて稀になってしまいましたし、私の書く営みを「作文」とは考えていませんでした。指導していた文芸部での作業とともに、それは「文学」として区別していたように思います。「作文」とは、教師が生徒に文章を書かせる営みと決めつけて少しも疑わなかった時期が、ずいぶん長かったように思います。そのコンセプトを変えたのは、いろいろ原因はありますが、やはりつきつめれば、「学校」を問い始めてからでしょう。そして、学校が一つの表現、言葉を媒介として人間同士が演出する現象ととらえられた時、私は、〈私が書く〉という平凡な認識に立ち返ったのです。「作文」が文章を書く営みならば、私が教師として〈学校を書く〉ことこそ、私の「作文」であり、同時にそこに、学校の中の「国語」という生活の実体が生きてくるはずだと考えられるようになったのです。それは私にとって、大きな変革でした。

教育としての「書く」

私が「国語表現」を国語科カリキュラムの中に設けて自ら担当したのは、一九八一（昭和五十六）年度の高校二年生の授業からでした。以後、週六時間を担当したこともあり、毎年担当しながら、そのたびに新しい実験をしてきました。と同時に、必修国語、特に古典の中でも意識的に〈書く〉営みをさまざまな形態をとって導入してきました。

その一つを紹介しましょう。三年生の自由選択週三時間担当で、『徒然草』を一年間かけてよく読みます。テクストは、実に魅力ある伊藤博之著『徒然草入門』（有斐閣新書）です。その講義を気ままにしつつ、そのテストはすべて持ち込みで行うのですが、たとえばその「序段」の問いの中に、次のような問いを入れます。

問　君がいま〈心にうつりゆくよしなしごと〉と言えるものを、自由に十記せ。

もちろんこの解答は、何を書いても「十」あれば点数はやります。しかし、兼好を読み、しかもこの〈よしなしごと〉こそ『徒然草』であることを学べば、答案として記すべき「十」は、十分に人間論としての本質に根ざした多様化を示しえていなければなりません。何を〈よしなしごと〉とするかこそ、兼好をどう読んだかの証明になるはずです。読めたものこそ書くことの困難にぶつかるはずです。「序段」が〈書く〉ことにまつわる〈ものぐるほしさ〉であることを、こうした問いを工夫することで「作文」化してみるのです。それはまた、マルセル・デュシャン風に、「心に自由な箱を想定し、そこに入っているものを十記せ。」という「箱」作文とも通底化します。全員がすぐに書けるわけではありません。

こうした授業で重要なのは、何を私がそこで〈箱〉と想定してみせるか、兼好の〈よしなしごと〉に対応させて私が何を指摘してみせるか、それをその場で生徒の書く同じ条件の中で書いてみせることです。しかもその時に、「十」の範囲を、なるべく学校生活の日常的話題という今日の現実に依拠して列挙してみる努力をいたします。「学校」はまさに、目前の生徒たちと私とが共生しうる生活空間なのですから。私たちの「学校」の現実をみつめさせ、今日の自己主体からの発想に意義を見いだせる営みとして、こうした訓練を、生徒とともに自らにも課してきました。なかなか辛い作業です。

もう一つの例を引きましょう。「説明文」を書かせるに際し、私は次の課題をよく出してきました。

問　X校の生徒会が「試験制度」の調査をしていて、本校の現状を問うてきた。生徒会役員の立場に立って、本校の試験がどう行われどう機能しているか、返信の形をとって、八百字以内で記せ。

「試験」でなく「修学旅行」でも「校内大会」でもよいのです。とにかく、学校内の制度や行事について、批判や非難以前に、事実として正確にとらえさせる作業を作文として課してきました。もちろん私自身も同時に書いてみせます。「作文」教育が、往々にして、生活現実に対する批判的主体性の育成に力が入りすぎ、日常を日常として記録する文章力の育成がおろそかになっていたことは否めません。新聞記者の第一歩が、「コラム」や「社説」を書くことでは決してなく、「記事」の書き方の訓練に終始するということも、学校作文教育が十分学んでおくべきでしょう。先の「試験制度」に即すならば、いかに全体を過不足なく観察、調査しなければ文章が書けないか。また逆に、知っていれば無理なく書けるか。この両面を教え教えられつつ、〈書く〉ことが〈見る〉こと、〈知る〉ことであることの理を、十分に学ぶことが可能になるのです。私は作文の授業を通しながら、生徒たちとともに、〈自分たちの学校〉をずいぶん考えることができました。〈書く〉営みをなぜ〈教育として〉と記したか、お分かりいただけたでしょうか。

生きる力として

終わりに、うちあけ話を記したいと思います。一九八三年の秋に、私は岩波ジュニア新書の一冊として、『書く力をつけよう』を出させてもらいました。生徒とともに作文の勉強をしてきた私が、文章の書き方なぞ書けるとは思っていませんでした。

この仕事は、初めに「目次」を書いてみないかというお誘いから始まりました。私は何気なく、しかし平凡な目次をメモにしてお渡ししました。それからすぐ、執筆依頼がありました。その「目次」は特別なことはありません。「日記—手紙—説明文—感想文—小論文」と書いただけですが、それに、この順序は変えられないとする理由のようなコメントを、各項に少しメモしておいたのです。それが編集部の目に触れたということのようでした。その理由、つまり「一冊の本」のコンセプトは、補足して書けばこうです。

日記——日常を記すことで内なる他者を知る。自己の歴史の人生的証言となることだけでなく、歴史の証人ともなる文章。

手紙——外なる他者に出会うことで社会の仕組みを知り、社会の中の個の生き方を、約束事とともに学んでゆく、コミュニケーションとしての文章。

説明文——ものやことばとの相関性を問うことで、ことばの働きの意義を知り、科学する精神や仕事の方法を体得する文章。
感想文——虚構としての表現から読み取った感想を、ことばを通して正確に記す、検証と対話の相互性に意義のある文章。
小論文——社会における意味あることがらを通して、不特定多数としての社会一般に向けて、個のアイデンティティを主張する、公的な文章。

内なる自己との出会いから、社会一般に対しての無名性としての説得の論理へ。私はそう考えて一冊の本を書きました。なぜこのうちあけ話を書いたかと言えば、私は、学校の授業である限り、「作文」にカリキュラムは必要であり、その構造化こそが、〈教育〉において重視されなければならない、と、いつも考えてきたからです。右の目次立ては、むろん、私一個の、文章への思い入れでしかありません。しかし、私が文章を教えることが「作文」である限り、自らの文章と語りかけることなくして「作文教育」は存在しません。そして、「作文」が「文章を書く営み」である以上、私は、生徒たちとともに書くということで、私自身のものの見方や感じ方、さらには考え方の訓練をしております。生徒たちにも十分教えられながらです。「作文」が〈**生きる力**〉となってほしいと思うからです。いま、その努力の過程です。

（一九八八年四月六日）

言語のマトリックス——新・文法　入門学

「読む」ということの手順のことをあれこれと考えないわけではない。目を見開いたからといって見える景は、どれほどのこともないはずである。私にいま、「読む」ことについて語る元気がない。書かなければならない仕事なら、私にも見える世界として、古典文法の〈活用表を読む〉ささやかなことばの旅を試みることで、その責めに答えておきたい。

系としての言語

ことばはいつも文（センテンス）の中に居る。ちょうど人間が、単独者であるために群集が必要のように、文はことばの小社会である。ことば同士の結びつき方は、人間よりも単純で三通りである。一つは触媒連接と私の言う、助詞の力を借りる方法がある。〈春の夜の夢〉のように、二者をジョイントするそっけない他者としての助詞の働きがある。もう一つが活用である。語の意味（主体的実存）を変えることなく、自己の部分を下にくることばに対して変化させる、つまり語形変化をさせて結びつきを求める方法。〈こほる〉という動詞が〈こほりていづる〉というように〈て〉をもとめて連用形の形をとるのを、活用というのである。この活用現象を、下の語から見上げる時には接続現象となる。つまり〈て〉は連用形につく。活用・接続は、同じ現象を視点を変えてとらえた言い方に過ぎない。

ところで、個々の人間の結びつきの原理に、たとえば好き嫌いの原理があるように、ことばもまた、幾通りかの契約条項をもって他語との連接を求めている。その契約登記のための登記所の窓口が、六つの活用形なのである。未然・連用・終止・連体・已然・命令という、活用という名の変身術。ただ、この六変化をすべての活用語が備えているわけではない。形容詞の活用を見るとよい。また、助動詞の活用表を見ると、数多くの穴ボコのあることがわかる。活用の少ない語には、それだけ下に続く語も少ないのが道理である。推量の助動詞の多くはそのグループであるから、当然文末にくることばである。それにしても、推量の助動詞の多くが終止形の窓口に集まり、過去完了の助動詞が連用形に接続する、そういう契約の原理はなんなのだろうか。離れた地で雨が降っている事象を推量しようとする時、私たちはまず〈雨が降る〉と認識を完結した上で〈テイルダロウ〉を付けて表現する。つまり〈らむ〉の用法。ここに、推量の助動詞の主流の終止形に接続する原理がある。〈べし〉だの〈まじ〉だの。だが、過去完了の助動詞の連用形契約の原理はわからない。現象だけは確かにある。〈き・けり・つ・ぬ・たり〉いずれもそうである。〈り〉もまた〈言ひ＋あり〉が〈言へり〉となって〈り〉が自立したとすれば、これも連用形接続の類型に入りそうだという事実は確かめうる。ここからあとは、学問もまだつかんではいないらしい。過去を回想するその認識の目が、なぜ連用形という窓口に集中しているのだろうか。何らかの原理の糸がそこにからまって、ことばたちが一つの意志を眼差しとしてもっているだろうことは、認めていいように思う。

活用形の六変化をすべて明晰に備えた活用語が、あらゆる活用語の中で「ナ変」(死ぬ・往ぬ)だけだということを、いったいどれだけの人たちが知っているだろうか。あの、多彩に見える活用表組立ての核をなしているのが、この「ナ変」という遠慮深いエリートである。助動詞〈ぬ〉もまた、「ナ変」の活用をする故に、すぐれた言語回路の業師と言える。「ナ変」と「ぬ」との類似性――。だいたい助動詞の多くは、動詞などの活用語尾の自立した姿なのではなかろうか。ともあれことばたちは、こんな風に、ある原理に支えられた体系をもっている〈系としての言語〉なのである。原理遡及の思索の彼方に、文法理解の早道が開かれているのは当然の理と言える。単なる暗記は、むしろ遠まわりの手順なのである。

〈りるれ〉の支配

活用語の活用表を眺めていると、さまざまなことばたちの群れが見え、群舞のリズムが透視される。その中のひとつ、〈り・る・れ〉がなぜこうも多いのかという問いについて考えてみよう。〈り・る・れ〉をまったく伴わない活用語は、ラ行を除く四段動詞と、〈き・む・らむ・けむ・まし・らし・じ・ごとし〉の八語の助動詞に過ぎない。

日本語は、頭をラ行音ではじめる語が少ない言語だという。だが、活用表の語る〈り・る・れ〉の多用は、そのラ行音の多用である。違いは語尾の部分、つまり語形変化をする部分に多いということである。よく見ると、次のことがわかる。〈る〉が連体形に〈れ〉が已然形に付いているという現象。体言というものの名と結ぶ〈る〉の力学、〈ば・ども〉と結んで、既定の事実を踏まえて論理の世界へひきずりこむという、この〈れ〉の土俵際の技の冴え。人間の舌の構造が〈る・れ〉を、もっとも転がしよい潤滑の滑車として多用したと言うのか。活用をみつける一つの窓となって、受験テクニックでもあるこの現象――〈る〉は連体形、〈れ〉は已然形という、活用表の語る一つの原理。それはなになのか。

〈り〉は連用形と終止形に、活用の予約席をもつ。だが〈り〉は、〈る・れ〉よりもはるかに、ことばとしての実在感を読み手に与える。存続の助動詞〈り〉が、ラ変の活用語尾の自立したものと先に記したことを思い出してほしい。〈り〉で終わる助動詞は、すべてラ変と同じ活用をする。ラ変型活用と言う。形容動詞はいずれもラ変型である。形容詞には「カリ活用」があり、ラ変型である。助動詞のうち、〈じ・らし・まし〉を除いて〈し〉で終わる形の語は、形容詞と同じ活用をする故にラ変型と言える。なぜこのように、ラ変型が活用現象に多いのか。この疑問は、私の中で高価である。

〈あり〉は、ものの存在を確かめることばである。ものがそこにあると認めた時、はじめてことばが生まれ、そのことばによって人間はコミュニケートが可能になる。〈花〉というものがあるから、〈花〉なることばが生まれるということ。形容詞〈無し〉が、その活用の中に〈あり〉を内在するドラマを、私は思うのである。形容詞〈無し〉の連用形〈無かり〉は〈無くあり〉のつまったものである。存在を否定するためには、まずその存在を私たちは認めねばならない。その上で否定する、〈無かりき〉と。カリ活があるのは、助動詞に接続するためである。助動詞はいずれも、認識の表現である。遠山啓という数学者は、零（ゼロ）を理解させるためには、何も無いのではなく、在ったものが無くなった状態を考えさせよと、『数学の学び方・教え方』（岩波新書）で書く。

その理《ことわり》との類似は何を語るのか。その先は、私にもまだわからない。ことばが語られるものならば、〈る・れ〉の滑らかなリズム音を、ことばがものの認識にかかわるならば〈あり〉を根底に——。いま、私はそんな原理を立ててみる。

断崖に立つ時、人間はなぜ遠い大地を、岬のようにして望み見ようとするのか。三つ目のことばの連接がそれである。

〈風が冷たい〉——古文では〈風　すさまじ〉と書いて助詞を伴わない。体言は、自立する世界のことばの根を示すことばである。このエリートは、完結のためには触媒を拒む。だから、主格の格助詞〈の・が〉を伴う時、その述語は連体形となって下に係り、完結はしない。従属節の〈の・が〉と言う。流れる世界がそこに生まれる。だが、流れが間《はざま》にある時、その流れる海の生動に思いをはせつつ、人は途絶えを置いて対岸を展望する。ことばの世界に見出すこの類似に、私はやはり不思議を思う。そこにはもう〈り・る・れ〉の支配は及ばない。

　すべての活用表をながめると、ことば同士が求め合った意志の暗闘の跡が、無数の穴ボコとしてまざまざと存在する。潰えてしまった結びの意志が、それらの穴ボコである。〈○・○・む・む・め・○〉。活用のない空間が活用をはさんで対峙している、〈む・らむ・けむ〉の類がある。すべての語が変化を求めることに、その語形変化運動に最後まで抵抗したかのような〈じ・じ・じ〉といった無表情の語群がある。〈らし〉も同類。ここにも活用という形で残る、ことばの生きざまの様式がある。ことば自体の文化がある。いったい何がこれらの、限りあることばたちを支配してきたのであろうか。ロゴスの神を私はそこに求めているのかと思う。ことば自体で確かめうることばの世界の原理――。文法は、この世界の契約の法なのであろう。

（一九七三年九月二十八日）

「国語力」回想

今年のセンター試験の国語の問題で、小林秀雄の文章が出題され物議をかもしている。「鐔《つば》」という文章は、小林の文章のひとつとして印象深く、鐔の実用の美から桜の大衆の美へとつなげ、人の心の創り出す文化の素朴な美への讃仰の思いが明晰に語られ、いかにも骨董を愛した小林らしい名文である。結びの一文、〈私は鶴丸透の発生に立ち会う想いがした。〉の鮮やかさが心憎い。

ところが、物議の対象が小林の文章に向かい、東京新聞夕刊の「大波小波」や朝日新聞の「天声人語」さえもがそこに焦点を当てていて、何とも残念という思いは拭えない。問わるべきは設問の稚拙さであり、設問者の力量であろう。何よりも、各問の正解の肢を読んでほしい。〈爪切りの説明文を読むような〉と私は評するが、これが小林のと思わずにはいられない。本文にふさわしい正解が書けない者に、問いをつくる資格は無い。要は表現力であろう。

長年「現代国語」教科書の編集に携わり、予備校に在っては模試問題の作成に専門に当たって苦労してきた経験を持つ故に、こうして入試国語が、貧しい話題の中に置かれているのを見ると、遠い昔の話ながらも何とも虚しい思いがする。文化は伝承しないというのか、と。

十年以上前に、『国語国文研究』に「国語の領分」という一文を書かせて戴いたが、そこでは敢えて触れずに済ましたが、こうして、ともあれ受験生諸君に影響の出る事態を「国語」が生むことが現実になってくると、やはり考えていいことは自ずからあると思わざるを得ない。

要は、今日、高等学校レベルで学ぶ国語の力とは何かである。そして、もうかつての昔々のことになるが、つねに意識してきたのは、テスト問題が必要とする国語力を平凡に「国語」としてまず考えよう、ということであった。それは、たとえば、文章に傍線を引く能力であったり、穴埋めする力、識別する力、そして検証する力や暗記力。こうした能力が能力として問われている以上、大切な国語力はそこにある。文章を一読して、ああ、この一文がこの文章のキーワードだと思って傍線を引く。この力は容易に育つ類のものではない。まして、東大の問題ならここに傍線、早大一文ならここに傍線を引いてこういう問いをつくるだろうと気付きながら読む力は、そうそう備わるものでは無い。しかしこの力は、必ずしも入試国語に限ることではなく、他人と話をしていても、その人の話の要点を聴きとる力と無縁なことではない。平凡だが訓練の要る人間力と断じて、私自身も心して訓練してきた覚えがある。

選択肢問題の解答力の基本は、要は識別力と検証力。多分に算数で学ぶ集合の力が要る。〈傍線部にふさわしい肢を一つ選べ〉などという問いを見ると、絵画の模写のルールを思い出させたし、作問の立場からすると、似て非なるものの要素のバランスのよい配分がコツである。テレビのクイズ番組で、誤答の作り方を学んでいたのも、日常だからこそ訓練の要る人間力であった。今回の小林の設問を見ると、本文を読むことなく正解が出る単純な仕組みがうかがえる。各肢の要素を比較識別する動体視力もまた、意味がある国語力と思わずにいられない。

「国語力」とは何か。私がこの一文を書くのも、そして先の「国語の領分」でもそれは示唆したつもりであるが、要は「国語力」とは、文章を文章として読む力であり、それは何よりも、科学で学ぶ諸力の働きがあってのこと。小林秀雄の文章を読むからと言って、まず小林の履歴や作品紹介から、つまり知識から導入する授業の先に、真の国語力が育つはずが無いと気付き、実行してきたつもりである。今回のセンター試験騒動のもっとも特徴的なことは、小林に始まり小林に終っていて、ついに〈小林の文章〉を読み、設問もまた文章として読むという国語の平凡とは、無縁なところにあったということであろう。国語は文学教育が中心とか試験は本来悪と言った俗説の中で「国語」をとらえ、「国語力」そのものを考えずにきた柔な俗論が生んだ不幸とも言える。私にはそう思える。

文章を文章として読み、文章として味わう力の育成、そこに棹ささぬ限り、「国語力」の向上にならず、入試国語が意味をもつことにはなるまい。選択肢問題が意味あるとするなら、肢の作り方という作法を、料理のレシピのように一般化して努力する必要があることも、今回の肢の粗末を見ていると思わざるを得ない。兼好なら〈さもありぬべきことなり〉と言うだろう。

「国語」とは何か。原則は、日本語の文章を日本語で読む平凡な仕事である。林達夫にしろ中井正一にしろ、内田義彦も梅棹忠夫も、彼らの優れた文章に接し、それを読み解く力を見出しつつ教室で生徒諸君たちと共に読むことで、その文章の魅力を教えられてきた。大切なことは、〈共に読む〉ということであったと思っている。一つの文章を一つの方法で読み解いてゆく。その方法を合意して読む、その、平凡だが寛容の心もまた合理の中で納得してゆく。その集団の読みが可能だから「入試国語」も位置する。私はそう知り、そう納得してきたことを、いま、遠い昔の回想と共に繙いている。一夜の感想である。

（二〇一三年三月九日夜）

工藤信彦のCHALK TALK『わたし』ってだあれ?」

大人の少年

初等科の二年生の授業をもたせてもらえると決まった時、私の脳裏を横切ったことは、自分の小学校二年生の頃のことである。幼年時や少年時のことをほとんど覚えていないくせに、この時、ありありと、幼い時の不安気な心の内が甦ってきた。四歳の時に疫痢で死にかかり、小学校に入学しても丈夫でなかった私は、よく太陽燈室に裸で入れられ、外に出る時は肝油を口に含ませられる少年だった。学者の家に育ち、妹たちが多くいて女系家族であったので、外に居る時はいつもにこにこしていた。対応の仕方がのみこめず、おとなしい少年の風貌が、唯一の自分で演じられる仕種であったろう。教育に熱心だったもと小学校教師の母にしつけられていて、勉強はきちんとさせられていた覚えはある。ひ弱であったにもかかわらず、なぜか冬のスキーだけは、運動神経もあって熱心だった。あくことなく暗くなっても外で滑っていた。その頃、私は何を考えていたのだろう。

吉本隆明は、人間はみな、他人の子供を通して自分の少年を知ると書いている。はたして私は、二年生のこどもたちに会って、私を見出せるのだろうか。正直、授業はそこまで私を醒めさせてはくれなかった。というよりも、こどもたちは、私をこどもたちの世界にひきこんでくれた。いっしょに考えている自分に、私自身が驚いていた。不思議なことだった。

絵本『わたし』から

初等科の二年桧組、木村隆さんのクラスで授業をしようということになったいきさつはこうである。五月の中半に、今年度所員会の年度初めの諸行事が一段落して、所員会の共同研究をどうするかを話題にしつつ、一学期中のカレンダーを広げていた時である。成城騒動史の資料整備やその史的検討をしないかという提案が一方にあって、一方で、折角こうして初中高が集まっているのだから、各校の日常の授業を見ようという提案もあった。日程がつまり、するこ と多く日がとれない所員会の状況の中で、ともあれ一学期中に一回、授業を見て歩こうということになった。しかし、これから行なわれる合研が公開授業でもめている時に刺激をしたくない。じゃあ、私が初等科で授業していいよと、何の脈略もなく、司会の気安さでそうポツンと口にした。そりゃいい、ぜひやってくださいという話になって、初等科所員の杉田さんが引受けて木村さんに話をし、六月十三日（木）の五時限に、正味四十五分を私にまかせてくれるということになったのである。

そう決まった夜のうちに、いつもの伝《つて》で何をやろうかの心の準備をし、好きにやらせてもらえるのなら谷川俊太郎の絵本『わたし』（福音館）を扱おうと決めた。その数日前にたまたま書棚を眺めていて、昔の本の中の『自己論講義　私は本当に私なのか』（木村敏＋金井美恵子）を少し読んだということも動機だろう。金井が最初に口火を切る中で、小学校二年生の時の記憶を語っていたことも、小学生相手の授業のテーマになるかと思った理由である。しかし何よりもこの『わたし』という絵本を、大学の講義はもとより、高校の国語表現の授業などで、私は何回も使っている。私の尊敬する経済史家の内田義彦さんも絶賛していて、私の好きな一冊であった。そして、成城という学校が、対他的な形での自己を問う、位置の思想を欠いていることに、私はつねに留意してきた。一人称の存在しないわが国の人間関係のありようを、森有正風な視点でよく語ってきたし、他を通して自分を知る眼の働きの重みを、私は差異の力学的視点を加えつつ、国語の荷う大きな課題として自分に課してもきた。そこに立って授業させてもらおう――。実は、何でもいいですよと口では言いつつ、一週間前に初等科に出かけ木村さんに国語の授業の内容をレクチュアーしてもらいつつ、そう決めてあった。その通りにさせていただいて、何より木村さんに感謝している。

名づけの意味

子供をもたない私は、もとより小さい子と戯れることさえない。こどもを私は知ることない以上、こどもの世界は、本田和子の言説をまつまでもなく、異界であった。対話をしようと考え、板書は一度書いたら消さぬことを心に決めて、あとは、四十五分の話題の文脈を予想し、問いと答えの総体をたくさん紙に書いてみて、実際に臨んだ。ドキドキはしなかったけれども、どうなるやらさっぱりわからんことに、頭の後のところどころがキュッとしまっていた。何とかなろうと、十二、三人の参観の人々と一緒に、二年桧組に入っていった。

「お客さんが見える」としか、木村さんは言っていなかった、と、後で教えられたが、その辺の事情もわからぬまま、「こんにちは」と挨拶をし、「お昼食べた?」「たくさん食べた?」「そう。よかったねえ」。元気に、眼も口もみんな声そのものであるようなこどもたちの溌剌とした姿に、気づかぬうちに仲間になっていた。「教育研究所って知ってる?」と問うたら、「知ってる」と何人かの答えが返ってきて、少々慌てた。「どこにある?」の返事はなく、「大学生のお兄さんたちがお昼を食べる食堂の……」と説明しながら、私が小学生二年生の頃は、こんな顔をしていたのかと思いつつ、全体の顔を眺めまわしていた。

三日前に私の指導案は、出来ていた。他の高校生相手に作ったプリントを添えて、参観者のみなさんには「授業のコンテ」としてお配りしておいた。

私の授業展開はこうであった。私の氏名を板書し、その長音の学習を含めて音読をしてもらい、人間存在が一人一人の名前をもつ故に尊厳性を示しているということを、まずわかってもらおうとした。そのために、チョークや鉛筆を使って、ものと一人の人間との、名づけの違いを確かめてみた。私の自己紹介のあとに全員に各自の氏名を一斉に全力で唱えてもらったのは、唯一、私のしたかった遊びであり、場をつくるための共時的パフォーマンスであった。クラスを揺がさんばかりの斉唱は、ひどくうれしかった。解放感が私の全身に響いた。

ついで私は、私が、銀行や病院では〈くどうのぶひこさん〉でありながら、教室では〈工藤先生〉、自宅では〈おじいちゃん〉と呼ばれることの不思議をわかってもらおうとした。「みんなは何歳ですか?」の問いから、「じゃ、私は何歳だろう?」の問いへの移行は、思ったようには運ばず、遊ばれてしまった。アダナのことをあまり考えていなかった私は、「みんなの前にいる僕は何という?」の問いがよく伝わらないまま、「じゃあ、木村先生は?」と問うて、全員に「キムチ」と答えられたのは慌てた。こどものないのに〈おじいちゃん〉は嘘をついたのだけれど、答の中に〈お父さん〉というのが聴こえ、ああ、これ、拘わってやらなきゃと思いつつ先を急いでいた。「銀行に行ったら、君たちの前なら、家に帰ったら」を、何回も全員に答えてもらった。一人が一人の名をもちつつ、なお幾通りの呼び名をもつことに対しての、「不思議だねえ」どまりの授業は、どうだったのだろう。

関係の多様性について

ここからこどもたちの番とした。動物から見た場合を、ありさんと象さんやきりんさんを例にしたのと、ケーキ屋さん、歯医者さん、宇宙人、絵描きさんからみんなを見たら？　という展開にもっていった。私が教室の状況に少々馴れた分だけ、やはり、いささかめりはりを欠いたらしい。動物園にありさんは居ないと答えてくれるだろう予測は当てがはずれ、その手当ても怠った。フランス語を紹介したり、フランスの歯医者の体験を話したりしたのは要らぬこと。歯医者さんに行ったらぼくの名前呼ばれるっていう答え方の裏で、おじさんの家が歯医者さんだからこう呼ばれると一人言言っていたこどもが居たよと、後で教えられて、問い方やセットの仕方が何とむずかしいものよ、と思わずにはいられなかった。こどものリズムが大事なのだ。

それにしても、ほんとうによく、手をあげ、答えてくれた。何ともおもしろそうな、不思議そうな顔を私に向けて、四十五分間、まばたきもせずに私をみつめているような何人ものこどもたちの純心な眼を、いまでも思い出す。はたして彼らは、何を思い何を考えていたのだろう。その中でも、まちがいなく、林竹二風のジプシー教師をしているのだと、考えてはいた。準備が不足でプロとしては恥ずかしいと思って反省したのは、座席表を先にもらい忘れ、一人一人のこどもの名前を知らなかったことである。これはごめんなさいであった。

「ありさんから見たら?」「デカ」。「象さんから見たら?」「チビ」「プチ」。「ケーキ屋さんの店員さんから見たら?」……こんな風にひとつひとつ、いっしょに声を出して確かめながら、最後に「レントゲンで見たら、人間は何に見えるでしょう」と、まとめに入った。絵本の長新太の絵を拡大してもってゆき見せたのだが、この辺のタイミングがやはり素人だったように思う。「ふらんす人も、私たちも、みんな骨の友達だね。仲よくしようね。」こう締め括ったところでちょうどベルが鳴った。レントゲンの話とともに、透明人間がお肉を食べた話などをしたための、予定時間三分の不足。

時間がきたところで急いで、今日の授業のテーマ「『わたし』って　だあれ?」を、黒板のいちばん右端に書き、全員でこのテーマを音読してもらって、授業の終わりとした。「みんな、どうもありがとう」と言いながら、目頭が熱くなる思いだった。暑い午後の授業であったが、その暑さではなく、全身が熱くなるうれしい時を体験させてもらったと思った。後から批評された通りに、私は、谷川の絵本を授業の終わりに見せる予定でいた。部分的な海賊版をつくっていこうかともおもったほど。終わりのベルに急かされて忘れてしまった。ともあれ、授業は壮大な演出空間であり、ショーである。

銀杏並木で

十日ほど前、銀杏並木の朝、「先生」という小さいこどもの声に囲まれた。三人のうち二人の顔は覚えていた。とっさのことで言葉が見つからずに、「この間の授業、わかった？」と聴いていた。「教育」なんて、結局は対話なのだ。一つ一つのことがわかっても、たぶん全体はわかるまい。でも、いつか〈わかった〉と一度思ったことや〈ふしぎね〉と一度考えたことは、時が来れば心の中で噴火するだろう。その時、この授業のことを思い出してくれたなら、私はそれで十分だと思って別れた。みんなありがとう。いまもそう心に叫んでみたい。冥土の土産だの飛脚だのと戯れに呟きながら、チョーク片手の教師稼業の人生の中で、忘れられない一時であった。木村さんはもとより、後押しをしてくれた所員のみなさんに感謝する。

（一九九一年七月二十四日）

日常性の解読 ――「ＦＯＲＵＭ－７」シンポジウム（二〇〇二年度版）

Ｉ

私が「日常性の解読」ということを言い出したのは、一九七〇年代の後半であったろう。六五年に札幌から上京して、学校教育を中心とするすべての状況が激変し、自らを翻弄の浪に身を託した後で、今一度、職業人としての自分の仕事を見直し始めた時の、一つの拠点が、この「日常性の解読」という視座であった。マックス・ウェーバーの『職業としての学問』などがヒントであった。支えてくれたのが、中村雄二郎、中岡哲郎、福田定良といった人々の書物や文章であったように思うし、根底にはつねに、「思想の科学」の鶴見俊輔の教えがあったはずである。

私の考えはこうであった。まずは自分の人生を、「終りなき学校」ととらえてみた。寺山修司の言葉を借りて、である。小学校に入学して以来、大学を出てすぐ教師になったのだから、「学校」以外の社会を知らない人間であり、定年まで多分続けるだろうという視点である。私の社会は学校であり、学校以外の社会をまったく知らないという確認である。学校社会が職場であるなら、二十年も仕事に専念したら十分にプロであろう。教師社会はなぜか〈プロ〉という言葉を使わないけれども、プロであろうという決心をそこでした。プロと言わぬなら〈職人〉でゆこう、と。何度も教室で口にしてきた松尾芭蕉の、「旅人とわが名呼ばれん初時雨」のように、群集の中にあって、出来れば「工藤某」でなく、そこに一人の高校国語教師が歩いていると言われてみたい。それが、本音のねがいであった。どう生きれば私らしい生き方となり、私が私になれるのかと、十四歳で引揚げて自らに目覚めてから、そればかり考えてきた私であったから、せめて、誰もが着用する職業としての「高校国語教師」という背広を、「自営業」とも「会社員」とも違う衣装としてきちんと着てみようと思ったのである。

父が大学教師であったし、自らも非常勤で何年も教え、また多くの大学教師たちを学園内で始終見てきたから、「大学教師」と「高校教師」の区別は極めて容易であった。その違い故に、誘われても大学に勤めなかったことは正解であったと思っている。学園内で「中学教師」を観察し、大学受験予備校で教え、やがて結局、フランスのリセで中学生を教え、帰国して代ゼミで、不登校生や帰国生を十年も教えることになる。また私は、国文科を出た「国語教師」であった。二十年以上も高校で数学を教える職業人、あるいは体育を教えるプロと、私はどこがどう、日常の中で、仕事のしぶりや行動、あるいは発想の上で「高校国語教師」として違うか。大方が個人の資質に還元することで〈職業〉の独自性や特質がないがしろにされている学校教育の現実の中で、意識して私は、その視点での差異を、〈私〉という職業人の日常の仕事を解体化し書きながら、みつめてきたのである。書いたものは膨大である。

そこで私が知ったことは、「書物」とのかかわりであった。「国語」が、あらゆるジャンル、あらゆる種類の文章群の総体であることも大きかったが、どのような書物も、「一冊の本」として、趣味や教養、あるいは資料としてではなく、その著者の思想や経歴や時代さえも含め、「一つの世界」として読み、調べ、とらえる、そういう読書環境の中で日々の仕事を生きているのが、「高校国語教師」であるという確認であった。逆にどんな文章も、すべて一冊の「世界」という書物の構成の中の一つのピース、部分であるという読み方をしている、という確認であった。そして、内田義彦という経済学の泰斗から教えられたと思っている、「書物は目次をもつ」という視点。「書物」はいつか「世界」を数値化し、「世界」もまた、「一冊の書物」のように、手に持った時の重さのような空間としての重量として実感でき、そしてその「世界」は、「目次」としての構造を言葉で認識することによって、初めて姿を明らかにし、その言説を通して他者と共有できるものとなる。「日常性の解読」という一つの視座から紡ぎ出されたこの、いわば世界観のとらえ方というものの見方は、私を楽にしてくれた。学内に限らず、都や全国という規模でよくイベントのプロモーターの仕事をさせられたが、すべては「一冊の書物」として受けとめ、「目次」立てをつねに発想の基盤におき、ページをめくるようにして、作業の展開や会議の進展などを見やる自由をえていた。大きな財産になったと、つねに思ってきた。その時、私は、「国文科」出であることを誇りに思ったものである。もちろん心ひそかに、である。
さて、今年のフォーラムのシンポは、平岡、熊沢、工藤の三人で担当することになっている。平岡さんが、ゲノムやES細胞などの科学知識、熊沢さんが、ネット社会を中心とするメディア論という、お二人ともが極めて先端的なアクチュアルなテーマで話されるというので、私はむしろ、受講生の諸君たちが十分にその中に在って生活している「学校」という場（トポス）を舞台に、一人一人の日常を問い直してみるという仕事をしてみようかと思ってみる。そこでまず、〈教科書――構造〉〈「国語」――定義〉〈学校――制度〉〈国文法――分類〉という前期四講のシラバスを作ってみたのである。私の意図が日常を問う、その〈方法〉にあることを「テーマ」で明らかにしておいた。

前期テーマ

日常的生活の場としての〈学校〉をフィールドとして、ものの見方や感じ方を陶冶し、方法的自己の確立を手助けする。

1　四月二十日〈書物〉とは――
さながら風が木の葉をそよがすように世界が私の心を波立たせる（谷川俊太郎）

2　五月十八日　一冊の書物としての〈教科書《テクスト》〉

構造とは要素と要素間の関係とからなる全体である。（レヴィ＝ストロース）

3　六月十五日　さらば「国語」

名づけるとは、物事を創造または生成させる行為であり、そのようにして誕生した物事の認識そのものである。（市村弘正）

4　七月六日　〈学校〉という生活の〈場《トポス》〉

私は世界に包まれている。いや、私は世界のまっただ中にいるのである。（大森荘蔵）

哲学的というのは、全体について根底的に考えてみようとするという程度の意味である。（中岡哲郎）

ところでなぜ〈書物〉かは、オリエンテーションでは、「前期のテーマ」の理《ことわり》で示した。「学校」、それが「高等学校」である時、「教科書」は法令によって全員持つことを義務づけられている。つまり、「教科書」なき「学校」はなく、そして「教科書」は「書物」だからと。その上で、私にとっての「書物」の意味について語るというオーダーで語っておいた。こうして始めた。

第一講〈書物〉とは――。谷川俊太郎の一文は、彼の『62のソネット』の中の「60」の冒頭である。このプリントの裏に「60」と「62」二篇の詩をコピーして渡してある。この詩集は〈世界〉という言葉で満ちており、私が〈世界〉なる言葉にもっとも身近さを感じていたと思われた詩集であったので、そこから引用した。しかし、この詩集中の語句としての〈世界〉は、構造を意義せず形象化もしていない。一体としての思念である。私が詩と出会った頃、〈世界〉は谷川と等しかった。その痕跡をここにとどめておいた。言葉が一つの概念とは限らないことも示しておきたかった。ただ講義では、その話はせずに終った。言葉を言葉で問う、この仕事も、私のねらいの一つである。

Ⅱ　二〇〇二年度「現代シンポ」の終りに当たって――二〇〇二年十一月三十日午後

この一年、私は「ものの見方、考え方」の方法について、みなが知っている〈学校〉の日常性を問い直す中で、主に「定義」と「比較」に力点を置いてきた。一九六五年、上京して東京という都会の高校生や大学生が、〈私〉を問わず、他を見ようとせずに、ひたすら〈私〉の快に満足を求めている現実に触れ、通して、事に当たる学校教育の根底に据えた私の視点であった。〈私〉とは誰か、書いてみようと言い、他とどう違うか説明してみようと迫り、そこから、〈私〉らしい〈私〉を選択せよと責めつづけた高校国語教師であった。そのために、すぐれた先人や同時代人の文章を教室で読んできた。しかしそれは、何も、上京して気付いたことではない。一九四五年八月十五日、〈樺太〉の中でのんびり生活していた十四歳の少年に訪れた祖国日本の無条件降伏の報は、十九日には父を残した家族とともに〈樺太〉を難民のようにして去る、激変の人生を私に強いた。祖国が私を故郷から追放したという思いは、今日でも少しも変わらない。二度としてはならない国家悪である。この現実は、長い間、おそらく一九六〇年の日米安保の問題が突き付けられる頃まで、私の中に〈国家〉という概念を形象化しにくいものとしたと思う。今なら、何を考えていたんだと不思議に思うが、〈日本〉という国家の敗北は、制度も慣習も伝統も文化も、いっさいの過ちの原因に思えていたし、さらに、民主主義という幻想を強制したアメリカという国家も、朝鮮事変によって、ものの見事に徹底した思想弾圧をする帝国の正体をさらけ出し、到底認めるわけにはゆかなかった。『方丈記』の、〈旧都はすでになく、新都はいまだならず〉に合わせて、私の中で、〈日本〉という〈国家〉は、すでになく、いまだない。ぽっかりと空いた大地の空間の中に、〈私〉一人が置き去りにされているという、まさに〈中間者〉の存在となっていた。リルケやサルトルや唐木順三といった人々の文章が、私にそのことをしっかり認識させてくれた。しかしそれも、言うなら、否定するしかない過去の国家と、イメージしようもない茫漠たる世界と、リアルとイデーとの対比の中で、要は〈個〉としての自分にこだわり、ともかく今日を改変して未来ある明日の創造へと、生きてきたように思うのである。〈国家〉としての〈日本〉が空白だったからといって、自らが〈日本人〉であることはまちがいない現実であったから、しきりに書かれた〈日本人論〉はずいぶん読んでいた。国家の単位で考えるのではなく、〈フランス人〉と〈日本人〉といった人間不在のあり様の上で、比較し、自己を問う、そういう〈自分探し〉の旅が、長かったように思うのである。そういう眼で自分の過去を振りかえること、私が大学の国文時代に、伊藤整が提起した〈組織と個人〉という課題を、友人たちとよく話題にしていたことを思い出す。人間は個を生きる単独者であると、十分以上に認識しつつ、もちろん、一人で生きているわけではない以上、私たちはどういう人間集団の中で、あるいは他者とのかかわりの中で〈私〉たりうるのか。〈国家〉が頭の中に浮かばない以上、それは〈組織〉であったのかと、いまは思い返す。〈世間〉は否定されていたし、〈社会〉は、学問の対象となる概念にはなっていなかったはずである。

人よ、個として生きよ。何が私にそう命じたのか。しっかりした自我もなく、つねにオドオド、ウロウロして他人の世話になっていたのにもかかわらず、私の生の中で、いつもこの命題が鳴り響いていたように思うのは、なぜだろう。詩人として生きなかったという格好良しも原因していたろう。しかし今日、こうしてふり返る時、その原点はやはりあの敗戦とともに私に訪れた四日間の体験にあるように思う。あれが国のすることか、という思いである。信用するものは何も無いということ。頼れるのは自分だけだということ。じゃあお前は、闘ったのか、と問えば、ノーと答えるしかない。自分が闘うタマではないことも百も承知である。じゃあどうした。言えることは、いつも人生を所与と考え、そこで自分の出来ることに全力を尽くす、それしかなかった。断らなかった人生であった。何もかも受けとめるほかないと決めつけて、いつも迷いつつ、何度も死を思いつつ、右往左往してきたのが私だろう。原点はあの十四歳の夏にある。そう思うと、敗戦も引揚も、私は感謝していいことのようにも思っている。あれで私は、一人の平凡な少年になれたのだと。しかし一方で、かつての雲仙岳の火砕流の映像を見てもアフガンの空爆を見ても、私と同じ一人の十四歳が誕生しているのだろうと、いつも思う。要は、一人で生きよ、と、心の内でいつも願っている。〈戦争〉こそ絶対悪であるとも。

こんなことを考えながら、〈過去の日本と新生日本〉、〈国家と個人〉、〈現実と理念〉、そんな話を〈比較〉しながら、そのもの、そのことを問うという〈定義〉として語ったと思っている。〈日常と非日常〉、〈進歩と共生〉、〈情念と言葉〉、そして〈戦争と平和〉——。今読んでいる川勝平太著『「美の文明」をつくる——「力の文明」を超えて』(ちくま新書)の話をしたのは、後の医系小論文の講義の中であったろうか。〈大陸アジア〉と〈海洋アジア〉の話、〈グローカロジー(地域学)〉の話は、〈樺太〉は〈アジア〉かという問いをもつ私には、十分参考になる視点である。私はその後、弁証法の話をした。自分でものを考えることの苦手な私にとって、対する相手・反概念・反論理点を想定することで、そこで〈共通項〉〈異質項〉を見出し、他の統合的視点を見出す考え方は、ありがたかった。今日でもこの考え方はつねに活用させてもらっている。しかし一方で、たとえば五十五年体制の終焉のような形で自分の仕事をふり返る時(私の社会人としての出発は一九五四年である)、つねに対立概念を想定する生き方や考え方は、当然、相手と同じ地平に立つということで、相手に拘束《こうそく》され、視野を狭くし自由性を欠く嫌いのあることもわかってきた。私の場合、それを救ったのが、たとえば梅棹忠夫から角山栄に至るような生態学であったり、少年時からの詩の世界が教えてくれ育ててくれたダダやシュールの詩法であった。私がもっとも多く利用したのが、アナロジーであった。学校を工場や病院で考えたり、都市で考えたりして、楽しんできた。差異という違いに拘らなくてすむから、まったく別の概念やイメージを付加する自由があった。〈戦争と平和〉について、〈戦争〉を〈病気〉と考えて治癒すれば〈平和〉になるといった今日の若者たちの考え方、とよく語っていた。〈平和〉は幻想である。

痕跡　点・点

私の17才 ——遅れてきた少年

私の十七歳は、一九四七年の秋からの一年に相当する。自ら参加することの無い戦争からの帰還者として、また敗戦によって生地を追われた放浪の引揚者として、母の里の県立校宇都宮中学に在学証明一枚で編入して三年目に入ったころである。栄養失調とマラリヤ熱で一年間休学して中学四年を再度経験する、その秋ということになる。母と妹五人との身を寄せ合った生活の中に、一月父の引揚げは心頼もしく、しかし同じ月の二・一全スト中止のニュースは奈良光枝の「悲しき竹笛」のメロディーとともに私の耳から去らない。五月の新憲法発布どころか暗い衝撃であった。そして九月、キャサリン台風でバラックの市営住宅は二メートルの泥流に埋まり引揚げで肌身に背負う限りの家財は再度流れ去った。しかし生活現実に立ちどまる自由はないのだろう。そうして少年という年代は悔まない歩速を生の基調とするものか。屈辱も貧乏も大抵苦にはしなかった。十七歳はこうして迎えたのか、といまは思う。

引揚げ時に父の携えた一冊の『群像』が、私をはじめての文学の道に誘う。四月の復校と同時に文芸部員となり、毎日詩を書き批評し合った。ガリで切り他校も廻った。冬は亡き叔父の黒マント、上着はヤンキーの古上衣に高歯の下駄。思い出は多い。文学でいま思うのは、四七年秋の横光利一の講義と、四八年の太宰の心中事件である。学校をサボれなかった小心者の私は暮れには死んだ横光の生の声を聴きのがし、太宰は玉川の水を飲みたいと日記に書くほどの衝撃であった。本屋を一日に三店歩いては一冊読み上げるようにした太宰が、掌から滑り落ちた実感であった。高校芝居の演出をしたり、詩誌の同人となったりしながらも、底の浅い文学少年の内面は劣等感で煤だらけだった。

詩との出会いには、宇都宮を去り函館の海港で一人受験勉強生活をした、新制高校三年生の一年間が必要であった。(卒業後北大入学)

北海道大学図書館・昆虫実験室　舟木幹也*・画

当時の少年たちの日々の激しい生活体験は、何も私に限ることはなかろう。敗戦の日の空無感がつきあげる、埋め合わせの青春性とでもいうべきであろうか。バケツで水を頭から浴びせられてやっと気づくほどの喪心体験をくり返してもヤンキーの煙草を隠れて吸う世代は、その裏に手造りの生活への妄執のようなものをもっているのだろう。スキーも無いのにスキー部に入り、卯の花だらけの飯を食って毎日一万メートル走っていたし、毎日クラスの連中とサッカーをし、骨にひびが入って三週間休んだ足でフルバックをつとめ全校優勝したりした。週二本は映画をみ、毎昼休みは青共の連中のアコーデオンで革命歌もどん底の歌も歌った。何が残ったか私は知らない。ただ、日々の生活を生きた実感がある。

私は十八歳になった一九四八年の十一月の末、転校した。車中で極東裁判の判決を聞いた。何も終わらない、とそう思って津軽海峡を渡った。

（昭和五十一年九月）

*樺太時代からの無二の親友、建築家

郷愁と格闘　アルザス日本校　――創立の一年体験、若い国際人に期待

日本文化一色に染まる

一九八七年十月二十七日、フランス・アルザス地方の中世都市コルマール市で、成城学園アルザス日本文化センターがオープンする。アルザス成城学園中学校・高等学校（リセ・成城）の初めての文化祭も、三十一日から二日間行われ、学校が地元の人々に公開される。一方、フランスの日本大使館で年一回行う日本週間が、これに合わせて二十七日から十一月一日までコルマール市と共催で行われ、茶道や武道の実演や三弦の夕べが予定されている。この秋、アルザスは、日本文化一色に彩られそうである。

私は昨年、成城学園がコルマール市近郊のキーンツハイム村付近に設立した、リセ・成城の教師として一年間勤務し、先ごろ帰国した者である。いまアルザスは、一年中でもっとも美しい季節を迎えている。ぶどうの収穫を終え、みはるかす平地となだらかなボージュの山腹まで

が、一面の黄葉におおわれ、豊かな自然のまぐわいのにおいが満ちている時である。その中で、二年目のリセが文化祭を公開できるまでになったことを、私はこころから喜んでいる。

リセ、正しくはLycée Seijo d'Alsaceが誕生したのは、一九八六年四月十八日である。きっかけは「日本人に校舎提供します——仏アルザス地方が寄せる熱いメッセージ」という一文であった。〈土地六ヘクタール、石造り三階建ての校舎と寄宿舎を無償で提供します〉と書き出されたこのアルザスの開発委員会からの公的呼びかけの文章。八四年七月、その新聞記事が当時の高校長、現アルザス校校長諸我丈吉氏や同窓会有志の手に渡り、かねて海外分校設立を夢見ていた彼らの非常な努力がアルザス側の希望と一つになり、学園は学校設立に乗り出した。この短期間の学校設立という仕事は、思い出すだに厳しいものであった。アルザス東京事務所の富永雅之氏の努力も大なるものがあった。

車の運転、フランス語、ワイン、この三種の神器どの一つも縁のない私は、学園ビジョンの一つとして十分夢見つつ、ふらんすは遠きにありて思うものと決めこんでいたにもかかわらず、ついに一年とはいえアルザスに住んだのは、人生不思議というほかない。

それにしても、オーラン県開発委員会委員長クライン氏の情熱と誠意なくして、この学校設立は不可能であった。教職員二十名余、中学一年から高校二年までの生徒百三十名余というこぢんまりとした日本人学校が、アルザスのぶどう畑の中に忽然と生まれたのである。

長い苦闘があった当初

一八三八年の建築になる、チャペル付きの実に堅牢な校舎は、その古さと頑丈さの分だけ私たちの生活に適応しない分もあり、初年度はそんな点のトラブルが多かった。

生徒たちの大半は世界十七ヵ国から集まり、もちろん日本からもやってきた。その生徒たちは、机もイスも入らぬ狭い室の二段ベッド生活の中で、どう人間関係のバランスをとるか、長い苦闘があった。

庭は広く、修道院跡らしく果樹が豊富で、春はさくらんぼうが鈴なりであったが、教師も生徒も容易に庭で遊ぼうとはしなかった。

日曜にコルマール市にバスで出かけようとしても、一日三本しかない。もちろんことばは不自由。叫びようのないいら立ちとホームシックを抱いて、学校中が小さく固まっていたのが一学期であったろう。開校して一週間は、リセの門も開いていた。しかし男女共学全寮制の珍しいフランス人からの関心は高く、そして自由な学校をねらって不良が集結しているから門を閉じよ、という地元や管理人の強い要求が出て、以後、村人は学園内に自由には入れない。十時半の消灯といってもいっこうに暗くならぬフランスの夜や、むやみに鳴り響く教会のあちこちのランダムな鐘の音も、私たちの異邦を問うていたと思う。

生徒の良き話し相手に

そういう夜半、教務を一人預かって暦と格闘し、二時間置きに眼が覚めるような生活の中で、ノストラダムスの大予言におびえて眠られぬから話をしてほしいと室をノックした少女は、いまどうしているだろうと思う。寮の中に学校があるリセの中で、五十の中半を過ぎた私の生活の一部は、そうした生徒の話の聞き役でもあった。

あり余る時間の中で、ひたすら受験勉強をする者、二万一千冊ある図書室で台車の上に横たわって一年中本を読んでいた少年もいる。一人になりたいと言ってロッカーの中でひっそりと息をのんで何時間も立っていた少女、毎日毎日夕日を同じ場所で見続ける男もいた。寝る前にはりんごを食わなきゃねと、下駄箱に腰かけて一人楽しむ男もいた。生活の中での、一人一人の生きる工夫であったのであろう。私はそう思って見つづけてきた。十二、三歳の少年少女が一人で生きている健気さには、やはり胸が熱くなった。

アルザス校はどうあるべきか、どうすれば国際化か。ずいぶん議論され、いまもなおかまびすしい言説はある。しかし私がそんな時いつも思い出す風景がある。中学一年生の女の子が、畑で働いているフランスの老婆と三十分ほど話し合っているのを、私は窓から眺めていた。その子が帰ってきたので、何を話していたかときくと、さっぱりわからないけれども何だか話をしてきたと言って笑っていた。

適応早く自然に国際化

寮生活はともに生活する以外にないというのが私の持論だが、リセがアルザスに、平凡な日本の学校としてある限り、国際化は自然になるだろう。

中学一年生から重視しているフランス語の授業も、郵便局の窓口に行ったり、小学校の教室に出かけて生徒たちが折り紙を教えるなど、実地の学習を始めている。スポーツのクラブ参加はごく当たり前で、交流試合はもとより、地元クラブの代表選手として活躍している者も出ている。

高校生で日本から来た者の大半は、休暇をヨーロッパ各地で、語学学校だのホームステイだのと言って帰国していない。修学旅行も、今年はスイス、西ドイツ、ロワール城をめぐり、スペイン、ギリシャと各学年別で出かけている。ヨーロッパは地続きであり、アルザスはその中心地にある。生徒たちの適応は早く、パリで会ってもロンドンで会っても生き生きとしている。アルザスにいる限り、それはごく自然なことである。

国際化は言葉ではないだろう。いや応なく国際人になってゆくリセの生徒たち。そこにどういう夢を、学校教育が託してゆくか。大切なのはこれからであろう。私はそこに大きな期待を抱いている。

あとがき　――さらば「国語」

八十八になり、ホームの人になりました。卒業生の皆さんが、ともに学んだ「国語」の「授業」を中心に、この一冊を作ってくれ、樺太論でご縁のあった石風社の福元さんが、出版して下さることになり、ありがたいことです。

学校国語は、一対多の共同作業が本体です。共に読むこと。しかも「読むこと」が「科学すること」です。なぜなら、書店の書棚に「国語」はありません。全ての文章が教材です。「書いてある通りに読む」。説得と納得。努力の要る仕事でした。エーリッヒ・フロムの語る、「希望を持つということは、準備することです」（『希望の革命』）が支えでした。これがすべてです。

高校の国語教材のこと。古典はすべて文学です。三年間の必修はすべて古典にすべきです。センター試験の古典は、毎年「徒然草」から出題してほしいものです。日本人の教養になるでしょう。

最後に、四月の入院からこの出版に至るまで私の生活の全ての面倒を見てくれた、奈良桂子さん、お仲間の瀬戸美恵子さん、それに中山さん、松田君の四人に、感謝の意を表してあとがきとします。

インサイド・アウト

松田　晃

「授業」について

机上の一冊の教科書『新版現代国語1』(三省堂)、七十八ページ「羅生門」。「テキストを開け、鉛筆を持て」——工藤先生の声が響く。いまは黄ばんだページに刻まれた無数の傍線と囲み。本書収録の「芥川龍之介『羅生門』の読み方」(一九八〇年)、私は確かにそこにいた。

羅生門は一年次六月頃。一コマ五十分間の授業は生易しいものではなかった。机上にノートと教科書を開き、最初から最後まで鉛筆を手から離すことはない。先生の指示に従ってクラスの全員がテキストに傍線を引き、段落を四角く囲む。「色」「時間」「語尾」といった形式共通項を抽出しマーカーで塗りつぶす。手作業を続けながら、矢継ぎ早に提示される「なぜ」という問いをノートし、考えを整理していく。手と目と耳の連携動作に、全神経を集中させる。「身体的トレーニング」としての授業は、それまで経験してきた知識伝達を旨とする「授業」とは似つかぬ、まさに衝撃というべきものだった。

教師と生徒の関係において、この五十分間はきわめてフェアなものだった。何を、如何にしてやらねばならないか。出席者（参加者、いやむしろ共演者と言うべきか）としての生徒に要求される作業の仕様《ルール》は明確かつ単純に定義され、繰り返し教師と生徒の間で共有される。実行するのは生易しいことではないが、だからといって暗黙の前提となる知識や技能は（生徒の側には）必要ではない。ルールとフェアネスなき共同作業《コラボレーション》の不毛さについては言うまでもあるまい。

読みとは作業であり、作業とは〈方法〉として可約なものである――授業の衝撃を経て、十五歳の日々にかく「読み」に自覚的たり得たことはいま、社会人としての私自身の方法論の基礎となっている。

「出会い」

一九八〇年四月、私は成城学園高等学校に入学し、工藤信彦先生と出会った。クラス担任として三年間、卒業してのちも今に至るまで交誼いただく関係の始まりだった。

最初のホームルーム。担任挨拶もそこそこに、二百字詰原稿用紙が配られる。黒板に大書された「「高校生としての自分に期待するもの」を記せ」。「高校生としての自分」を問うためには当然、「自分が高校生であること」を証明せねばならぬ。誰に、いかに。限られた時間の中、自問が続く……。

後刻、呼び出された面談。「国文学者の松田修さんの息子の君が、どうしてまた成城を志望した？」――「物理学がやりたいんです。学校案内にあった成城独自のカリキュラム、選択授業や自由研究講座が、私が科学者になるためにきっと役に立つと思って」。

呆気に取られ、やがて破顔一笑された先生の顔は今でも忘れられない。思えば、およそ理工系進学校とは対極、またアカデミズムとも縁遠い学校を、ご自分の手がけられたカリキュラムを指名で選んでやって来たと言うのだから――当人は大真面目だから始末に困られたであろう。「僕が引き受けよう」と言って頂いたとおり、この三年を生涯にかけがえのないものと出来ているのは先生のおかげである。

「リベラル・アーツ」について

現国にせよ古文にせよ、一単元が終わるごとに必ず配布された大量の授業プリント。授業で浮き彫りにされた文章の構造、読みの課題（「なぜ」）が再構成され解説されているだけでなく、現代思想、美学、都市工学、バイオテクノロジー etc. と縦横無尽に展開される新たな課題。「羅生門を読むのに、平安京の都市論を考えないはずがないよね」と次々に畳み掛けられる。最初は只々圧倒されていた生徒たちも、次第に自分なりのやり方でプリントを読みこなし、楽しみながら消化していくようになる。題材となった作品、作家について専門書を読みこなすもの、授業で触れられた思想家や出典に忠実にアタックするもの、あるいは自分の得意分野と「読み」の関連を見出していくもの。目前の文章を題材として、それぞれに自らの関心、技能を統合し、「世界の読み」に結びつけていく営みは、まさしくリベラル・アーツそのものであった。

「職業《プロ》としての「高校生」」へ

「僕は、自分の職業を自分らしく生きるために、高校の国語教師のプロでありたいと思っている。君は高校生のプロであれ！」（『学園時報』一九七九年十二月号）

「プロ」、つまり自他ともに認める（証明された）高校生たるために、〈高校生〉と〈他者〉、すなわち社会へのアンガージュマンは当然の前提である。共同空間においてことばを切り結ぶ「授業」の実践、授業プリントと試験を通じたリベラル・アーツの構築は、ひとりの高校生にとって「自分らしい」生の営為であると同時に、世界を切り取る眼力をもたらす、すぐれて「平凡な一人の社会人」——あるいは「市民」——に向けた助走であった。
入学式の日、私たちに贈られた「自分が高校生であること」への問い。それは三年を経て、今なお続く「自分が自分であり、自分らしく生きること」への絶えざる問いへと卒業したのだ。

「卒業」

「僕は卒業生の諸君やご父母とは、ほとんど縁がない人だから」、在学中から時折、伺う言葉だった。さもありなん、現役でおられた間は生活の全てが、寝ても覚めても高校国語教師、「学校の外」が無かったのだろうな、と拝察する。
だが、私が入学し担任頂いた学年（一九八〇年）は少し様子が違った。先生ご自身の文を引こう。

　現国の授業に応じ、超現実的なポーランド映画を見に新宿のアングラ映画館にいく。三クラスから一四人も参加する。この、もの好きたちとの出会いが新しい学校生活を生んだと思う。（『空洞の海』（一九九三年））

先生の仕掛け、共同作業に多くの生徒たちが、教室やカリキュラムの枠を超えてさまざまに、活発に応えたということ。それは一人一人の特性もあるが、先生の方法論と、教師としてのキャリアがこの年、一つの成熟と転機を迎えようとしていた、そこに素質ある生徒《ものずき》たちが「出会ってしまった」ということではなかったか。彼彼女らは「卒業生」となってもそれぞれに、今だに先生との連絡を絶やさずに来ている。

この本のこと――バトンを共に

二〇一八年八月。先生宅に、暑中お見舞いと少し早い米寿のお祝いに、と卒業生たちが集まる。手の痛みで思うように文章が書けぬ、脚の痺れが……と話される先生に、「私が鍼治療を」「ワープロ入力は」「ちゃんと食事はしてますか」と皆がそれぞれに言う。そんな話題が呼び水となったか、先生も「十年ほど前にプリントとか、入力してもらっていたんだよね……」と、ゲラの束をどこかから持ち出してこられる。

「本にしましょう!」と一決、準備が始まる。編纂のお手伝いや出版社との交渉だけでなく、鍼灸師として施術に伺うもの、「スープの冷めない距離」を生かし手料理の差し入れをするもの。コピー機等の運搬、設置に車を出すもの。「ワープロさえせぬ」、と言われる先生にiPadを準備し、手製のマニュアルで即席の講座を始めるもの。……

誰が仕切るでもない。アイデアを出し合い、それぞれにやりたいこと、できることを直接間接に支え合いながら実践する。三〇余年前に先生が仕掛けた併走作業を、今私たちは自分の意思で作り出している。

今なお「本」にこだわる私たちがいる。自分たちが工藤先生の授業を受け、いま一人の社会人たり得ている幸運と、次の世代にそのバトンを引き継ぐ責任を共にかみしめながら。

謝辞

徹頭徹尾、学校空間における国語教育、教師の方法論である。

間然するところなきこの文章群、思いがけず「解説などを」とのお声掛けをいただく。だが、ご縁あって編纂をお手伝いした私たちが、何を書けるというのか。

悩んだ末、中山は思想史の観点から本書方法論の位置付けを解題することとし、松田は学校空間の出会いと卒業後について記することにした。蛇足にせよ、本書を読まれる方の一助となれば幸いである。

授業が教師と生徒の出会いから始まるように、この一冊もまた工藤先生と多くの方々の「共同」なくしては、形となることはなかった。無数のプリント群の整理入力を快諾された八代澄江様、またクラスや年次を超えそれぞれに、それぞれのあり方で先生に伴走する卒業生たち。前著『わが内なる樺太』に続き編集出版を強力に推し進められた石風社福元様。そして誰よりも、三十九年間の授業を共にしたかつての生徒たちに。今、この一冊を手にすることのできた読者のひとりとして、出会いの妙に心から感謝したい。

中山　智香子（東京外国語大学・教授）
松田　晃（ＮＴＴデータ・システム運用）
成城学園高等学校一九八三年卒

初出一覧

■序

「学校国語」について　――序にかえて、書き下ろし（二〇一七年）

■高校「国語」教師の仕事

方法としての「国語」、『国語国文研究』六四号、北海道大学国語国文学会（一九七九年）
私言《ささめごと》　――学校のできること、『文学』一九九六年秋号、岩波書店（一九九六年）
「国語」の領分　――〈方法としての国語教育〉観、『国語国文研究』一一七号、北海道大学国語国文学会(二〇〇〇年)
職業としての「国語」教育　――教師論の視点から、『文学』一九八一年一〇月号、岩波書店（一九九六年）
〈学校〉としての〈高校〉の構造図　――学習空間における一つのシミュレーション、メモ（未刊）、アルザス成城学園（一九八六年）
国語の力について　――感覚は教えられる、授業テキスト、代々木ゼミナール・バイパススクール（一九九四年）
言葉で読む人、『生かされて在る命――伊藤博之を偲びて――』、伊藤家私家版（二〇〇一年）
短歌教育の功罪　――高校国語教師のノートから、『短歌』一九七〇年四月号、角川書店（一九七〇年）

■「国語」の授業から
『伊勢物語』を読むためのノート ――「古典」入門、授業テキスト、代々木ゼミナール・バイパススクール(一九八七年)
古代和歌を読む、授業プリント、成城学園高等学校(一九九三年)
『徒然草』第四十五段 ――公世の二位のせうとに、授業プリント、成城学園高等学校(一九九二年)
『徒然草』第百四十一段 ――悲田院の堯蓮上人は、授業プリント、アルザス成城学園(一九八七年)
『伊勢物語』第二十四段「梓弓」、授業プリント、成城学園高等学校(一九八四年)
『源氏物語』冒頭文を読むために、授業プリント、成城学園高等学校(一九九〇年)
志賀直哉『暗夜行路』序詞を読む、授業プリント、成城学園高等学校(一九八八年)
中原中也「北の海」を授業で読む、授業プリント、成城学園高等学校(一九七四年)
芥川龍之介『羅生門』の読み方、授業プリント、成城学園高等学校(一九八〇年)

■文化としての「国語」
「作文」としての思想 ――その現代的意義、『高校国語教育 ぶっくれっと』一三号、三省堂(一九八八年)
言語のマトリックス ――新・文法入門学、『本』四八号、成城学園高等学校図書館(一九七三年)
「国語力」回想、書き下ろし(二〇一三年)
工藤信彦のCHALK TALK「『わたし』ってだあれ?」、『成城教育』七三号、成城学園教育研究所(一九

九一年）

日常性の解読　――「FORUM-7」シンポジウム（二〇〇二年度版）、授業プリント、FORUM-7（二〇〇二年）

■痕跡　点・点

私の17才　――遅れてきた少年、『時報』二四四号、成城学園高等学校（一九七六年）

郷愁と格闘　アルザス日本校　――創立の一年体験　若い国際人に期待、日本経済新聞一九八七年一〇月二七日文化欄、日本経済新聞（一九八七年）

工藤 信彦（くどう のぶひこ）

1930年、樺太大泊町生まれ。

北海道大学文学部国文科卒。北海道立札幌南高等学校、藤女子高等学校、成城学園高等学校、アルザス成城学園で教鞭を執り、成城学園教育研究所長で定年退職。社団法人全国樺太連盟理事を経て、現在に至る。

著書『日本文学研究資料叢書・高村光太郎・宮沢賢治』（有精堂）、『明解日本文学史』（三省堂）、『書く力をつけよう』（岩波ジュニア新書）、『現代文研究法』（共著、有精堂）、『講座日本現代詩史』（共著、右文書院）、『現代詩の教え方』（共著、右文書院）、『現代詩の解釈と鑑賞事典』（共著、旺文社）、『わが内なる樺太　外地であり内地であった「植民地」をめぐって』（石風社）その他多数。

職業としての「国語」教育
——方法的視点から

二〇一九年九月三十日初版第一刷発行

著　者　工　藤　信　彦
発行者　福　元　満　治
発行所　石　風　社
福岡市中央区渡辺通二—三—二十四
電　話　〇九二（七一四）四八三八
ＦＡＸ　〇九二（七二五）三四四〇
http://sekifusha.com/

印刷製本　シナノパブリッシングプレス